U0509970

本书是国家社科基金项目

"绍兴越国王陵及贵族墓葬资料整理与研究"

（项目批准号 18BKG016）成果之一

本书是浙江省文博人才

"新鼎计划"优秀人才培养项目成果之一

鎖鑰

先秦印纹硬陶原始瓷器特展

浙江省文物考古研究所 编著

文物出版社

图书在版编目（ＣＩＰ）数据

锁钥：先秦印纹硬陶原始瓷器特展 / 浙江省文物考古研究所编著 .-- 北京：文物出版社，2019.10
ISBN978-7-5010-5824-2

Ⅰ．①锁… Ⅱ．①浙… Ⅲ．①几何印纹陶—中国—先秦时代—图录 Ⅳ．① K876.32

中国版本图书馆 CIP 数据核字 (2018) 第 267583 号

锁钥 先秦印纹硬陶原始瓷器特展

编　　著：浙江省文物考古研究所

美术编辑：程星涛
责任编辑：谷艳雪
责任印制：陈杰

出版发行：文物出版社
社　　址：北京市东直门内北小街 2 号楼
邮　　编：100007
网　　址：http://www.wenwu.com
邮　　箱：web@wenwu.com
经　　销：新华书店
印　　刷：北京雅昌艺术印刷有限公司
开　　本：889×1194　1/16
印　　张：29.75
版　　次：2019 年 10 月第 1 版
印　　次：2019 年 10 月第 1 次印刷
书　　号：ISBN978-7-5010-5824-2
定　　价：560.00 元

本书版权独家所有，非经授权，不得复制翻印

展览图录编辑委员会

主　　任　刘　斌

副 主 任　方向明　王海明　邓禾颖

学术顾问　陈元甫

主　　编　黄昊德

副 主 编　罗汝鹏　田正标　游晓蕾（按姓氏音序排列）

编　　委　蔡路武　曹　洋　杜晓峻　方　忆　巩　文　韩立江　郝丽君
　　　　　何毓灵　衡若花　黄凤春　黄　翔　黄运明　江小建　梁中合
　　　　　娄　烈　罗　俊　毛　波　王　亮　王美粉　王兴海　徐云良
　　　　　杨树刚　羊泽林　余慧君　张必萱　张玉芳　赵海涛　赵　雄
　　　　　周凤平　周舒宁　朱丹青（以拼音为序）

展览单位

主　　办　浙江省文物考古研究所

承　　办　杭州南宋官窑博物馆

协　　办　中国社会科学院考古研究所　　　绍兴市柯桥区文化发展中心
　　　　　北京大学考古文博学院　　　　　绍兴市上虞区博物馆
　　　　　湖北省文物考古研究所　　　　　湖州市文物保护管理所
　　　　　湖北省博物馆　　　　　　　　　长兴县博物馆
　　　　　山西省考古研究所　　　　　　　德清县博物馆
　　　　　河南省文物考古研究院　　　　　衢州市博物馆
　　　　　上海博物馆　　　　　　　　　　江山市博物馆
　　　　　杭州市文物考古研究所　　　　　龙游县博物馆
　　　　　杭州市余杭区博物馆　　　　　　台州市黄岩区博物馆
　　　　　杭州市萧山区博物馆　　　　　　松阳县博物馆
　　　　　绍兴博物馆　　　　　　　　　　遂昌县文物管理委员会办公室

出版说明

⊙ 本书为浙江省文物考古研究所 2018 年 11 月 29 日至 2019 年 2 月 20 日在杭州南宋官窑博物馆举办的"锁匙——先秦印纹硬陶原始瓷器特展"图录。

⊙ 关于书名。1978 年，苏秉琦先生将几何形印纹陶比作打开江南地区先秦时期文化史重要历史课题大门的一把"锁钥"。"锁匙"则是南方汉语方言词汇，出于体现南方特色，展览以"锁匙"为题。本图录采用苏公原文"锁钥"作为书名。

⊙ 图录共收录器物 564 件，均有具体出土地点。其中除了 296 件展品外，还收录了长江以北、福建北部以及浙江省内等未参展的印纹陶原始瓷器 268 件，较全面地体现了江南、江北地区出土印纹陶原始瓷器面貌。

⊙ 器物的编排顺序。图录三单元基本以时代为序，各时段均再按先原始瓷后印纹陶的方式排列。第一单元，越韵悠长：先排典型纹饰拓片、典型墓例，再按地区，同时兼顾最小考古堆积单位；第二单元，藏礼于器：战国礼乐器按先礼器后乐器编排，礼乐器又各自按器类排序；第三单元，渊源流变：时代相同的，按出土地点编排，同一墓地或遗址的器物放在一块。因浙江、福建出土的长流平底盉与二里头遗址出土盉形制相似，福建北部与江北地区出土商周时期原始瓷器关系密切，把这两部分器物放在此单元，方便大家比较研究。

⊙ 本图录只标示器物名称、时代、出土编号（或藏品号）、出土地点、尺寸、收藏单位等基本信息，没写器物描述，而是尽可能增加器物细部照片，以便学界直观了解器物特征。

⊙ 器物名称，原则上沿用各藏品单位提供的器物名称；器物编号，器物基本信息的第二项为出土编号或藏品号，如果器物既有出土编号又有藏品号，本书只收录出土编号；出土地点，为后续查询方便，本书均统一采用今地名。

越韵·越礼·流变

先秦越系印纹陶原始瓷综论

黄昊德

中原地区流行青铜文明的夏商周时期,印纹陶及原始瓷广泛分布于中国南方地区,是南中国独具特色的文化基因,是百越文明的文化纽带,共同构成中国南方地区先秦考古学文化的重要内涵,在南方先秦考古研究中占有极其重要的地位。1978 年,在江西庐山召开"江南地区印纹陶问题学术讨论会",对南方印纹陶进行专题研讨。苏秉琦先生认为,几何形印纹陶就像"一把'锁钥',帮助我们打开了通向探索我国这一重要地区从原始社会到秦汉以前文化史这一重要历史课题的大门……可以把它比做一条牵牛的绳索,我们正沿着它看到了这头牛的鼻子、头面的轮廓"[1]。40 年来,南方先秦考古工作者抓住这一关键,深入开展工作,印纹硬陶、原始瓷研究均取得重大收获,成为研究南方先秦考古学文化的两把"锁钥",帮我们开启了构建南方先秦考古年代框架,探索中国瓷器起源,研究越国礼制及越立国、发展、鼎盛争霸的历程,探讨南北文化交流之门。

一

浙江地处中国东南,长江下游南侧,越国故地,是印纹硬陶、原始瓷的重点分布区域。从考古资料看,浙江印纹陶起源较早,8000 年前的萧山跨湖桥遗址就出现了浙江地区最早的拍印陶器——印纹陶,并出土陶拍、陶垫等拍印工具[2]。此时的陶胎为一般黏土,不耐高温,陶质较软,拍印交错绳纹、篮纹、菱格纹等纹样。

经过长期的探索,在新石器时代末期至相当于中原地区的夏代初期,印纹硬陶开始烧成,环太湖地区的钱山漾文化、广富林文化、浙西南地区的好川文化和肩头弄第一单元均出现了印纹硬陶。钱山漾遗址钱山漾文化遗存出土有拍印方格纹的硬陶高领罐(T01 ⑦ B:11)[3]、上海广富林遗址属钱山漾文化的 J14 出土了拍印斜向条纹的硬陶小口鼓腹罐(J14:4)[4];好川遗址好川文化遗存出土高领鼓腹圈足罐、高领扁鼓腹罐,腹部、肩部多见附加堆纹,纹饰有条纹、叶脉纹、折线纹等[5];肩头弄第一单元的着黑陶器上拍印

1. 苏秉琦:《关于"几何形印纹陶"——"江南地区印纹陶问题学术讨论会"论文学习笔记》,《文物集刊(3)》,文物出版社,1981 年。"锁钥"的本意是开锁的工具,比喻成事的关键所在,也喻指在军事上相当重要的地方,意即极其重要、起决定作用的关键因素。在南方汉语方言词汇,有把开锁的工具称为"锁匙"的,如闽南人就把"钥匙"说成"锁匙",我们也曾经以"锁匙——先秦印纹硬陶原始瓷器特展"作为展览的题目。本图录我们还是改用苏公原文"锁钥"作为标题。
2. 浙江省文物考古研究所等:《跨湖桥》,文物出版社,2004 年。
3. 浙江省文物考古研究所:《钱山漾——第三、四次发掘报告》,文物出版社,2014 年。以下有关钱山漾遗址的内容均出自此书。
4. 周丽娟:《广富林遗址良渚文化墓葬与水井的发掘》,见上海博物馆《广富林——考古发掘与学术研究文集》,上海古籍出版社,2014 年。
5. 浙江省文物考古研究所、遂昌县文物管理委员会:《好川墓地》,文物出版社,2001 年。

钱山漾文化	广富林文化	好川文化

广富林遗址 2001SGJ14:4　　　　广富林遗址 2012SGH3378:3　　　　好川遗址 M28:8

钱山漾遗址 T01⑦B:11　　　　广富林遗址 2012SGH1543:3　　　　好川遗址 M69:1

图一　环太湖地区及浙西南地区出土新石器时代末期至夏初印纹陶器

有条纹[1]；上海松江广富林遗址的广富林文化遗存出土了单把圈足鬶、高领球腹罐、高领广肩圈足壶，纹饰均为方格纹，其中一件鬶的把手刻划人字纹、弦纹、多重斜线相交纹[2]（图一）。

　　考古学文化的形成发展过程，也是文化间"传承、交流、融合、创新"过程。钱山漾遗址马桥文化遗存出土的 H96：1、H89：23 高领球腹罐肩部装饰三个鸟喙，这可能与好川文化的三喙罐有渊源关系；广富林遗址属钱山漾文化遗存的 J14：4 小口罐，肩部饰有两道凸棱，腹部拍印斜向条纹，上腹部表面"着黑"，形制及"着黑"工艺可能与好川文化、昙石山文化有关；好

川文化第五期的 M28：8、M71：7 高领球腹硬陶罐，拍印折线纹、叶脉纹，这两种纹饰在好川文化及与其关系密切的昙石山文化均少见，却是钱山漾遗址马桥文化遗存的典型纹样，而 M28：8、M71：7 高领球腹硬陶罐的形制却可以从昙石山文化找到来源。广东石峡遗址中文化层的 M110：2 单把圈足鬶[3]与广富林遗址属广富林文化遗存的同类器 2012SGH3378：3 单把圈足鬶形制雷同[4]，浙西南与闽北地区的单把带流罐也可能与广富林文化的单把圈足鬶有关；肩头弄第一单元[5]则与闽北的猫耳弄山窑址出土遗物相似。

　　综上，新石器时代末期至夏初，印纹硬陶

1. 牟永抗、毛兆廷：《江山县南区古遗址、古墓葬调查试掘》，见《浙江省文物考古研究所学刊》，文物出版社，1981 年。
2. 浙江省文物考古研究所、上海博物馆考古研究部、湖州市文物保护管理所：《钱山漾与广富林——出土文物图录》，会议资料。
3. 朱非素、彭如策、刘成德：《谈谈马坝石峡遗址的几何印纹陶》，见《文物集刊——江南地区印纹陶问题学术讨论会论文集》，文物出版社，1981 年。
4. 浙江省文物考古研究所、上海博物馆考古研究部、湖州市文物保护管理所：《钱山漾与广富林——出土文物图录》，会议资料。
5. 牟永抗、毛兆廷：《江山县南区古遗址、古墓葬调查试掘》，见《浙江省文物考古所学刊》，文物出版社，1981 年。

开始出现，但是器类少，纹饰单一，为印纹硬陶的萌芽期。环太湖地区、浙西南地区的印纹硬陶各自起源，并形成自己的文化系统，同时，相互间又存在广泛的文化交流互动，浙西南的好川文化、肩头弄第一单元与闽北同时期的文化遗存关系密切，环太湖地区的广富林文化因素还传播到了岭南粤北的石峡遗址中文化层遗存。

夏商时期是印纹硬陶的发展成熟期，印纹硬陶的器类丰富，纹饰复杂多样，根据器物形制和纹饰的差异，结合地理环境，浙江地区印纹硬陶、原始瓷可分为浙东、北地区和浙西的金衢地区，分属马桥文化、商代后期遗存和肩头弄文化、营盘山期类型。

浙江东、北部地区，包括宁绍平原和杭嘉湖地区，可分为相当于中原地区的二里头二期至商代前期和商代后期两个发展阶段。

第一个阶段的文化遗存属马桥文化，典型遗址有湖州昆山遗址[1]、钱山漾遗址[2]、塔地遗址[3]、下菰城遗址[4]及余杭径山小古城遗址[5]、宁波象山塔山遗址[6]等。此时期器类丰富，纹饰多

样。器类有折沿垂腹罐、高领鼓腹罐、折沿大口鼓腹罐、鼓腹小罐、折沿盆形罐、翻沿盆、鸭形壶等，器底多为凹圜底。其中，折沿垂腹罐的口沿多见刻划符号，高领鼓腹罐肩部多有扁状系。纹饰有方格纹、条格纹、叶脉纹、菱形云雷纹、席纹、折线纹，组合纹多见，有叶脉纹分别与方格纹、云雷纹、席纹、条格纹组合，有方格纹分别与云雷纹、折线纹、席纹组合，还有方格纹与叶脉纹、云雷纹三者组合等。

第二阶段文化遗存属商代后期，部分遗存年代可到商末周初。典型遗存有昆山K1、G1第五阶段的部分遗存[7]、钱山漾遗址J8[8]、小古城遗址及下菰城遗址商代后期遗存[9]、德清小紫山商代土墩墓[10]、海宁夹山D2[11]、长兴便山D427(一)[12]、长兴石狮D5M8[13]、萧山柴岭山D18M2、D21M2[14]等。

印纹硬陶器类主要有瓮、罐等，形制为颈部较长，广肩或圆鼓肩，底腹交接处圆折、底部为圜底微凹或平底。颈部多有弦纹，器表及底部均拍印纹饰，纹饰种类较少，主要为云雷纹，纹饰浅细，有些纹饰比较凌乱。

金衢地区位于浙江西南部，介于千里岗山脉、

1. 浙江省文物考古研究所、湖州市博物馆：《昆山》，文物出版社，2006年。
2. 浙江省文物考古研究所、湖州市博物馆：《钱山漾——第三、四次发掘报告》，文物出版社，2014年。
3. 浙江省文物考古研究所资料。
4. 浙江省文物考古研究所资料。
5. 浙江省文物考古研究所资料。
6. 浙江省文物考古研究所、象山县文物管理委员会：《象山塔山》，文物出版社，2014年。
7. 浙江省文物考古研究所、湖州市博物馆：《昆山》，文物出版社，2006年。
8. 浙江省文物考古研究所、湖州市博物馆：《钱山漾——第三、四次发掘报告》，文物出版社，2014年。
9. 浙江省文物考古研究所资料。
10. 浙江省文物考古研究所资料。
11. 浙江省文物考古研究所资料。
12. 浙江省文物考古研究所：《浙江省长兴县便山土墩墓发掘报告》，见《浙江省文物考古研究所学刊》，科学出版社，1993年。
13. 浙江省文物考古研究所：《浙江省长兴县石狮土墩墓发掘简报》，见《浙江省文物考古研究所学刊》，科学出版社，1993年。
14. 杭州市文物考古研究所、萧山博物馆：《萧山柴岭山土墩墓》，文物出版社，2013年。

仙霞岭山脉、金华山脉和大盘山脉之间，为一处四面环山的盆地。东边顺钱塘江向东，过诸暨盆地，与宁绍平原、杭嘉湖平原相连，东南越过仙霞岭可直通闽北，西部经信江、鄱阳湖、九江与长江相通，可达江汉平原，北边经钱塘江上游的衢江、兰江和新安江，与黄山（屯溪）相接。

金衢地区的考古工作肇始于 20 世纪 70 年代末牟永抗先生对江山南区古遗址古墓葬的调查与试掘[1]，此后开展考古工作较少。此时期的遗址在江山、龙游、衢州、金华、磐安、松阳等地均有分布。主要遗存有江山肩头弄第一、二、三、四单元及 2014 年发掘的龙游商代墓葬[2]。根据器物形制和纹饰，可分为夏至商代前期、商代后期（部分遗存年代可到周初）两个阶段，分属两个文化类型。

第一阶段为肩头弄文化，包括肩头弄一、二、三单元，对应文化分期的一、二、三期。器类主要有高领罐、折腹罐、单把匜形罐、折肩罐、折沿深垂腹罐、折肩折腹罐、大口罐、长流平底盉、盆等，底部有平底和凹底两种，着黑陶较多。纹饰主要有条纹、斜向相交席纹、方格纹、斜方格填线纹、菱形云雷纹、回字加 X 纹等。

第二阶段为营盘山期类型，时代为商代后期至西周初。主要遗存有肩头弄第四单元、2014 年发掘的龙游商代墓葬。印纹硬陶主要有球腹瓮、球腹罐、高领广肩圈足罐、敛口罐、单把杯，另外还有硬陶敛口罐、钵、高足豆等。印纹硬陶流行圆肩球腹、圜底或微凹作风。纹饰主要有直角相交的席纹，单元较小，线条浅细，布局模糊杂乱，器表及底部满拍纹饰。从各地区调查资料来看，此类遗存分布较广，在江山、龙游、衢州、金华、磐安等市县均有分布，但经科学发掘出土的遗存较少，特别是缺少遗址资料，其文化面貌还不是很清晰，但是就目前材料来看，营盘山期类型与浙东、北地区的商代后期遗存在器物形制、纹饰上的差异明显。

夏商时期，原始瓷开始萌芽，烧造技术比较落后，是原始瓷的滥觞期。

浙北地区的东苕溪流域是夏商原始瓷窑址的重要分布区，目前已发现近 40 处夏商时期原始瓷窑址，集中于德清龙山窑址群与湖州青山窑址群两个区域。龙山片区均以烧造印纹硬陶为主，青山片区则分以烧造印纹硬陶为主和以烧造原始瓷为主两种类型，目前经发掘或试掘的窑址主要有湖州瓢山、金龙山、北家山、南山、黄梅山等。

瓢山窑址的原始瓷胎与印纹硬陶胎基本一致，以灰黑色胎为主，釉呈酱褐色或黑褐色，一般只在罐类器的肩部与口沿局部有釉。

南山窑址的胎质较细腻，火候高，釉层较薄，釉一般施于豆类大口器物的内腹部与罐类小口器物的肩部，也有通体施釉的，但是釉还显得很不稳定、成熟，除少量器物如豆盘内壁施满釉且釉色青翠、釉层厚、玻璃质感强以外，大多数器物釉层薄、施釉不均、玻璃质感不强，呈土黄色的细薄点状，且一般仅在朝向火膛的一侧有釉，有釉与无釉处逐渐过渡，不见施釉线。主要产品有罐、豆，演变序列比较清晰，时代从夏商之际延续到商代后期[3]。

浙西、南的衢州、温州以及相邻的福建北部地区广泛分布有着黑陶，此类遗存除外底不涂黑

1.牟永抗、毛兆廷：《江山县南区古遗址、古墓葬调查试掘》，见《浙江省文物考古所学刊》，文物出版社，1981 年。

2.浙江省文物考古研究所资料。

3.浙江省文物考古研究所：《东苕溪流域夏商时期原始瓷窑址》，文物出版社，2015 年。

江肩（三）4:3

江肩（二）2:5

江肩（二）2:6

江肩（二）2:8

江肩（三）4:8

图二　江山肩头弄出土着黑陶

层外，器物的内外壁均着染浓淡不一、相当稀薄的黑色涂层，局部黑层较厚，经高温后，黑层收缩，呈蚯蚓纹。有学者认为是一种"泥釉"[1]（图二）。这种着黑技术可能与西周春秋时期金衢和温州地区出土的原始黑釉瓷有关，在福建猫耳弄山还有烧造着黑陶的窑址。江肩（三）4:8侈口深垂腹凹底罐，器表着黑，有明显的聚"釉"现象，"釉"厚处呈黑褐色，有龟裂纹，只是还没有玻璃质感（图二），是原始瓷的滥觞，可能与商代晚期开始出现、西周晚期盛行的厚胎厚釉原始瓷烧造技术有关。此外，福建光泽池湖 M9 商代墓葬出土的原始瓷尊，敞口、高领、双折肩，胎色较深，釉为黄青色，釉层薄、玻璃质感强[2]（见本图录闽北地区出土原始瓷部分）。上述发现预示着在浙闽赣交界处存在烧造薄釉、厚釉、黑釉的原始技术。闽南泉州有辽田尖山、苦寨坑夏商

原始瓷窑址群[3]。此外，在江西吴城遗址[4]、鹰潭角山[5]也发现有烧造原始瓷的窑址。

夏商时期窑址在浙江、闽北、闽南、江西的发现，说明原始瓷在不同区域开始起源。

西周时期是印纹硬陶繁荣时期，也是原始瓷发展过程中的第一个高峰期。

西周早期印纹硬陶器物组合主要为罐、坛、瓮、瓿等，圜底作风基本消失，瓮、坛、罐类器物以圆角平底为主。瓿的底部为底边外凸的大平底，周边没有修整。纹饰主要有折线纹、回字纹和大型云雷纹。流行组合纹，常见交替装饰折线纹与回纹、回纹与大型云雷纹，折线纹、云雷纹往往呈条带状。整体来说，这一时期，纹样线条粗壮，拍印较深，排列整齐，回字纹内框突出成口字纹，带有明显的浅浮雕及仿青铜器纹饰的风格[6]（见本图录）。

1. 李家治等：《浙江江山泥釉黑陶及原始瓷的研究》，见中国硅酸盐学会编《中国古陶瓷研究》，科学出版社，1987 年。
2. 福建博物院：《福建光泽池湖商周遗址及墓葬》，见邓聪、吴春明主编《东南考古研究》第三辑，厦门大学出版社，2003 年。
3. 羊泽林：《福建原始青瓷与印纹硬陶窑址考古新发现及几个相关问题的探讨》，见《印纹硬陶与原始瓷研究》，故宫出版社，2016 年。
4. 江西省文物考古研究所、樟树市博物馆：《吴城——1973～2002 年考古发掘报告》，科学出版社，2005 年。
5. 江西省文物考古研究院：《角山窑址——1983～2007 年考古发掘报告》，文物出版社，2017 年
6. 陈元甫先生对浙江土墩墓做过比较深入的分期研究，详见陈元甫《论浙江地区土墩墓分期》，《纪念浙江省文物考古研究所建所二十周年论文集》，西泠印社，1999 年。本节关于浙江印纹硬陶原始瓷的年代框架是在陈元甫先生研究的基础上，作了修订和补充。

另有浅细的回字纹、回字带点纹及菱形带凸块纹，这些纹饰往往拍印在圆角平底略内凹的罐、瓮类器上，有的器物还在底腹交接处外加扁平的圈足，足跟外折，表现出圜底向平底的过渡形态。这类印纹陶器往往与直口微敛、内底装饰细弦纹间以篦梳纹的原始瓷豆共存。如浙江海宁夹山 D4M2，器物组合为原始瓷豆和印纹硬陶瓮、罐，直口微敛豆内壁装饰三组细弦纹间以篦梳纹，此为典型的西周早期特点，而圆角平底罐与圆角圜底微内凹罐共存，回字纹内框微外凸，其中一件罐的回字纹较凌乱，呈现出商末向西周过渡的特点。此墓的年代应为商末周初（见本图录西周早期典型墓例）。

西周早期，原始瓷有厚胎薄釉和厚胎厚釉两类，以厚胎薄釉为主。过去多认为厚胎厚釉器在西周中晚期才出现，年代为商末周初的海夹 D4M2:5 厚胎厚釉折腹敛口豆的出土，说明厚胎厚釉原始瓷在商末周初就开始出现，这修正了以往的认识。

厚胎薄釉的器类有敛口豆、直口豆、侈口豆、折沿碗、大口折肩尊、大口折腹小尊、桶形罐、盂、侈口小罐。直口豆、侈口豆内壁常有细密的弦纹，有的还间以篦状纹，大多出于西周早期偏早的墓葬。敛口豆器表经较精细的修整，外壁常见粗弦纹，口沿外侧常饰有成双配置的小泥饼；侈口小罐的肩部贴塑横耳和小泥饼。通体施薄釉，釉色多为黄绿色，具有一定的透影性，透过釉面能看到胎体的颗粒，多出现于西周早期偏晚的墓葬。有的罐类器仍有拍印的席纹、方格纹。

厚胎厚釉器主要有敞口豆、折腹敛口豆、盘口折腹尊、瓮等。瓮为宽平沿、沿面微凹、溜肩、扁圆鼓腹、小平底，器形显得矮胖，器表拍印折线纹，纹饰粗壮；盘口折腹尊，器形较高，施青绿色釉，釉层较厚，有凝釉现象，凝釉处呈绿褐色，常见折线纹、菱形网格纹及S形、

羊角形贴塑等。此类原始瓷器在金衢地区、台州和安徽屯溪土墩墓常见。

此时，浙北地区以回字纹、曲折纹、大型云雷纹为主体的印纹硬陶文化因素迅速扩展到金衢地区，两地印纹硬陶的文化面貌趋于一致，呈现出器类相同、纹饰一致的大一统格局。然而，就原始瓷胎釉特征及器物组合来看，西周早期，金衢地区出土较多的厚胎厚釉的器类不见或少见于浙北地区。金衢地区还出土有浙北地区少见的青铜器。这似乎又说明，西周早期，浙北和金衢地区还是两个相对独立的文化小区。而衢州市的衢江区和浙北地区西苕溪流域的安吉均分布有西周早期的大型高等级土墩墓，这又暗示金衢地区和浙北地区均存在高等级政治中心，结合文献记载，这两处政治中心可能分别与姑蔑国和于越国有关。

西周中期印纹硬陶器组合同前期，此时还出现了带座簋等印纹硬陶礼器。印纹硬陶坛、罐类器物的凹圜底彻底消失，底部为折角平底，坛为卷沿、短束颈、圆肩，底径大于口径，体形显得矮胖，瓿仍为大平底，底边稍作修整，裙边不明显。常见纹饰为折线纹、回纹、弦纹套叠复线菱形纹，大型云雷纹基本消失，仍多见拍印交错组合纹饰，回纹内框线外凸现象减弱。器表多贴塑和扉棱装饰。

原始瓷仍然有厚胎薄釉和厚胎厚釉两种，厚胎薄釉的敛口豆、盂的圈足变矮，盘壁趋直，弦纹变细浅，还出现了敞口折腹豆、侈口束颈折腹豆、提梁盂。厚胎厚釉器类增多，除了瓮、盘口折腹尊外，还有托盘、盘、碟、三系罐、三足盂、三足碟、盂、壶等。瓮演变为盘口、鼓腹，底径变大，器形显得修长、匀称。盘口折腹尊器形则变得矮胖。装饰纹饰同前期。

从目前发掘资料来看，西周早中期，金衢盆地与安徽屯溪地区出土原始瓷器多互见（图三），

衢州出土　　　　　　安徽屯溪 M3:21　　　　安徽屯溪 M3:63　　　　衢江松园村出土

衢江大石塔土墩墓出土　　安徽屯溪 M3:19　　　　安徽屯溪 M1:36　　　　衢江大石塔土墩墓出土

松阳大石村出土　　　　安徽屯溪 M3:42　　　　安徽屯溪 M1:59　　　　龙游郑家村小垄山出土

江山地山岗平天塘出土　　安徽屯溪 M7:12　　　　安徽屯溪 M3:23　　　　衢江松园村出土

衢江大墩顶土墩墓出土　　安徽屯溪 M3:64　　　　安徽屯溪 M3:29　　　　龙游溪口郑家村出土

图三　浙江金衢盆地与安徽屯溪出土器物比较图

两个区域可能属同一文化区系。

西周晚春秋初，印纹硬陶瓿、坛、罐均为圆肩，下腹内收，底径变小，体形增高，瓿底边切削成小平底，留有明显的切削痕迹。纹饰种类同前期，只是线条变得浅细，回纹内外框平齐，另有少量叶脉纹。

厚胎薄釉原始瓷器基本消失，豆基本不见，原始瓷器类主要有碟、盂、盘、鉴、罐等。胎色较细白，器身泥条盘筑，经慢轮修整，器物内底常见粗疏的螺旋纹，圈足后加，制作痕迹明显，为先在器身外底部粘接一圈泥条，再旋削成矮圈足，其内壁有明显的旋削痕。厚胎厚釉，釉色青黄、青绿或黄绿，釉层分布不均，常见积釉现象，积釉处呈褐色，胎釉结合较差，常见釉层剥落现象。内壁满釉，外壁施釉不到底，常见流釉现象。常见弦纹、戳印针点纹，流行横向 S 形贴塑，外底常见刻划符号，这是本期的显著时代特征。

西周中晚期至春秋初，金衢地区与浙北地区原始瓷的胎釉、器类均呈现一致的面貌。印纹硬陶、原始瓷器均呈现出大一统的格局。

截至目前，西周早中期烧造厚胎薄釉原始瓷器的窑址只在福建武夷山竹林坑窑址有发现，敛口豆、直口豆、折沿碗均有出土，并有豆盘口沿外侧贴窄扁泥条耳[1]。在浙江则还没有发现烧造西周时期原始瓷器的窑址，只在长兴发现烧制该时期印纹硬陶礼器的牌坊沟窑址[2]。此外，烧造敞口折腹豆、侈口束颈折腹豆以及厚胎厚釉原始瓷器的窑址也有待今后通过考古工作去探索发现。

春秋时期，印纹硬陶的纹饰日趋简化，线条细而浅，器类简单，主要是罐和坛类。原始瓷的生产工艺已经发展到较高的水平，制作方式已由前期的泥条盘筑加慢轮修整发展为快轮拉坯成型，内底常见细密的轮旋纹，外底常见箕状线割纹。薄胎薄釉，黄绿色釉为主，少见青绿釉，胎釉结合好，除外底不施釉外，器身内外施满釉。

春秋早期，印纹硬陶瓿、坛的底径进一步缩小，显得瘦高。瓿的外底边的切削痕已磨光。流行一器拍印两种纹饰，回纹与折线纹的组合少见，流行叶脉纹与大型席纹的组合纹，印纹浅细规整。

原始瓷碗类小件器物轮制成型，原始瓷圈足器基本消失，豆基本不见，多见平底敞口碗，内壁有整齐的轮旋纹，腹壁较弧，外底有箕状线割痕迹。内外施釉到底，胎釉结合较好，流釉剥釉现象明显减少。少量器物的口沿装饰横向 S 形泥塑，纹饰少见。出现大量原始瓷礼器，在德清火烧山窑址还出土有该时期的鼎、卣等原始瓷礼器，原始瓷卣的纹饰演变序列清晰（见本图录）。

春秋中期，印纹硬陶瓿、坛、罐体形变得匀称，折线纹、回纹、弦纹套叠复线菱形纹均已不见，流行席纹、方格纹、米筛纹、大方格填线纹、多重回字加 X 纹，流行方格纹与米筛纹、方格纹与菱形填线纹、叶脉纹与席纹、叶脉纹与方格纹的组合纹。叶脉纹浅细规整，席纹单元变小，米筛纹两线间隔较宽、中孔较大。

原始瓷均轮制成型，快轮技术不仅普遍用于碗、盘类小件器，也用于一些较大的罐类器。瓷胎细白致密，胎壁变薄，施青绿色或黄绿色薄釉。器类明显变少，以碗为主，另有少量的罐。碗壁较矮直，腹底交界处圆折。纹饰有竖向戳印

1.a. 中国国家博物馆水下考古研究中心、福建博物院文物考古研究所、武夷山市博物馆：《武夷山古窑址》，科学出版社，2015年。b. 羊泽林：《福建原始青瓷与印纹硬陶窑址考古新发现及几个相关问题的探讨》，见《印纹硬陶与原始瓷研究》，故宫出版社，2016年。
2.浙江省文物考古研究所资料。

纹、水波纹、对向弧形纹。

春秋晚期印纹硬陶器类多见坛、罐，纹饰只有米筛纹、大方格纹、席纹和多重回字加 X 纹，流行一器拍印一种纹饰。米筛纹双线变窄、变细、中孔变小，席纹为小方格填横或竖线，填线较方格线浅细，多重回字加 X 纹的回字重数变少。

原始瓷胎釉结合好，器类非常单一，多见碗，碗腹壁增高，腹底交接处折痕明显，有些口部为子口，带圆饼形盖。

春秋时期窑址主要分布在浙江的东苕溪流域，该区域是春秋时期原始瓷的核心烧造区，经考古发掘的有德清火烧山窑址，建立起了春秋早期至春秋末期的年代序列 [1]。

战国时期印纹硬陶的器类和纹饰都进入衰退期。器类以高大的坛及各类罐为主。纹饰有小方格纹、麻布纹、各种形态的回字加 X 纹、口字加 X 纹等。多重回字加 X 纹向口字加 X 纹的演变序列非常清晰（见本图录），是我们对战国印纹陶器分期断代的典型纹样。

战国早中期，越国国力强盛，原始瓷的生产工艺、技术达到顶峰，快轮技术熟练运用，胎釉质量进一步提升，尤其是各种支垫窑具的创造性使用，使此时的原始瓷呈现出与以往不同的面貌，大量新品种、新器形涌现，出现大量仿铜原始瓷礼乐器，胎釉结合好，釉色黄绿，青绿少见，釉面多见点状或"蚯蚓"状凝釉，产品质量几乎与成熟青瓷相当。根据器物形制和纹饰的演变，可分为早、中、晚期。

战国早期，印纹硬陶主要有坛、矮直领罐、麻布纹罐等。有些坛的口部为卷沿（方格纹坛），领部较短，广肩，肩宽与器高的比值较大；麻布纹罐为敛口、垂腹，最大径在下腹部，有的底附三乳足。纹饰种类有小方格纹、麻布纹、多重回字加 X 纹、回字加 X 纹等。原始瓷主要有兽面鼎、立耳鼎、附耳盖鼎、甗形鼎、甬钟、镈钟、句鑃、錞于、磬、鉴、盘、盆、匜等仿铜礼乐器，另有少量碗、罐等生活用器。盅式碗器壁变高，腹底交接处变得圆折，内底的轮旋纹变得非常细密。纹饰有圆角方正的云雷纹、粗壮的竖向瓦楞纹，少量罐的肩部贴纤细的横向 S 形泥塑。

战国中期，印纹硬陶器类同前期。坛的领部较长，圆鼓肩，肩宽与器高的比值变小，器形显得修长；麻布纹罐为敛口、微鼓腹，最大径在中腹部。纹饰只有口字加 X 字纹（四个口字加 X 纹就构成以往所说的典型米字纹）和少量的麻布纹。原始瓷的器类还同前期，纹饰中，圆角方正的云雷纹演变为单线刻划的 S 形纹、竖向瓦楞纹变细，新出现 C 形纹。

战国中期晚段到晚期，楚败越，越国国力衰退，原始瓷生产也随之衰落，原始瓷礼器少见。

综上，印纹硬陶、原始瓷是浙江地区先秦考古研究重要的文化遗存，经历了起源、分化、融合、繁荣、鼎盛、衰落的发展历程，发展脉络清晰，时代特征明显。

印纹硬陶经过新石器时代晚期的滥觞，新石器时代末期的成熟，夏商时期的初步发展，西周至春秋时期达到繁荣全盛，战国时期开始衰退，到秦汉时期，慢慢退出了历史舞台。

原始瓷是印纹硬陶的派生物，它源于夏商，经过西周到春秋时期制瓷工艺的探索发展，到战国早中期，越国国力强盛，文化繁荣，原始瓷的技术、工艺达到顶峰，战国中晚期，越王无彊时

---

1. 浙江省文物考古研究所、故宫博物院、德清县博物馆：《德清火烧山》，文物出版社，2008 年。

楚败越，"越以此散，诸族子争立，或为王，或为君，滨于江南海上，服朝于楚"。越国衰落，原始瓷制造也走向没落。经过西汉的缓慢发展，到东汉晚期，成熟青瓷器终于烧成。

原始瓷是我国制瓷工艺的始祖，印纹硬陶是由陶到瓷的中介物，它们共同开启了中国"'瓷'的时代"。

二

礼是中国传统文化的重要内涵，礼制是维系国家统治的核心制度之一，是维系社会秩序的重要手段，是"经国家，定社稷"（《左传·隐公十一年》）的重要工具。研究越国礼制发展历程，是了解越国历史的重要途径。

史书关于越国礼制的记载阙如，"礼失求诸野"，"器以藏礼"（《左传·成公二年》），礼乐器是礼乐制度的物化形式，是研究礼制的首要对象。以往，学界只对战国时期的仿铜原始瓷礼乐器有所研究[1]，对西周至春秋时期的礼器则缺少关注，对越国礼器的发展历程及其出现的背后动因更是少有探讨。目前，随着出土礼乐器的增多，使得针对越国礼器的历时性研究成为可能。

在相当于中原地区的商代时期，浙江北苕溪及东苕溪流域的中、下游分别有小古城城址、下菰城城址、昆山遗址。小古城城址周边的石濑出土过商代青铜大铙。下菰城城址为双重城圈结构，外面有环壕，面积达到60多万平方米。昆山遗址出土了商式鬲、甲骨、青铜铙残片。长兴县靠近太湖边还有邱城城址。上述中心聚落遗址在东苕溪流域集中出现，说明东苕溪流域是环太

D90M1:30　　　D90M1:34　　　D90M1:29　　　D90M1:32　　　D90M1:35

D90M1:19　　　D90M1:11　　　D90M1:33　　　D90M1:18　　　D90M1:31

图四　安吉上马山 D90M1 出土原始瓷礼器组合

1.陈元甫：《浙江地区战国原始瓷生产高度发展的原因探析》，《东南文化》2014年第6期；《越国贵族墓随葬陶瓷礼乐器葬俗探论》，《文物》2011年第4期。

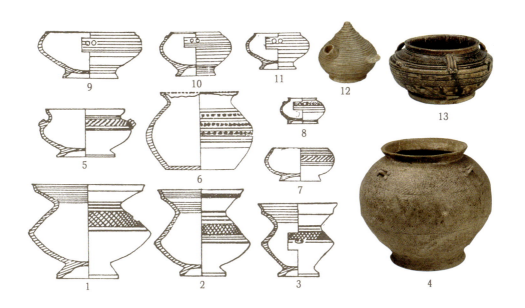

图五　衢州大石塔土墩墓出土原始瓷礼器

湖地区商代时期的中心区域，也说明良渚王国衰落后，经过新石器末期的历史沉淀与发展，此时聚落又开始分化，国家文明可能重新开始出现。但是，此时器物的礼器化还不明显。

西周早中期，从考古发现来看，浙江地区的大型土墩墓主要分布在浙西北的安吉县和金衢盆地的衢州市衢江区。

安吉上马山 D90M1 为东西向平地堆土掩埋的大型土墩墓，一墩一墓，封土平面呈椭圆形，顶部较平，封土东西长径 33.5 米，南北短径 23 米。墓葬平面呈东西向长方形，长 5.7 米，宽 2.4 米。共出土随葬器物 48 件，原始瓷器共 22 件。在土墩外围另有 7 组器物，应与墓葬有关，这些器物组有的仅 1 件单放，有的多达 30 件。墓葬出土的原始瓷礼器组合为尊 3 件、单把盉 1 件、豆 14 件、杯 1 件、碗 1 件、盂 1 件、罐 1 件（图

四）。其中除一件为厚胎厚釉器外，其余均为厚胎薄釉器[1]。

截至目前，衢州市衢江区的大型土墩墓资料有大墩顶[2]、大石塔[3]、庙山尖[4]三座土墩墓。大墩顶墓为竖穴长方形，长 10.4、宽 6.5、残深 0.15 米，墓底平整，墓底平铺扁平鹅卵石，鹅卵石层上为 10 厘米左右的木炭层。出土原始瓷器 13 件。原始瓷礼器组合为桶形罐 1 件、小罐 1 件、豆 2 件、盂 9 件。大石塔墓被严重破坏，根据收集的原始瓷器，该墓出土的礼器包括厚胎厚釉盘口尊、盂、簋、罐和厚胎薄釉单把盉、盂、侈口球腹罐、侈口小罐。庙山尖土墩墓是衢州地区唯一经科学发掘的土墩墓，由于严重被盗，没有出土原始瓷礼器。衢州地区大型土墩墓出土礼器组合可以大石塔墓葬为代表（图五）。

由上文可见，安吉上马山 90M1 及衢江三座

1. 浙江省文物考古研究所资料。
2. 衢州市文物管理委员会：《浙江衢州市发现原始青瓷》，《考古》1984 年第 2 期。
3. 金华地区文管会：《浙江衢州西山西周土墩墓》，《考古》1985 年第 12 期。
4. 浙江省文物考古研究所资料。

土墩墓出土的原始瓷礼器均为本地传统文化因素，但它们的礼器组合还是差异明显。安吉地区的礼器组合绝大多数为厚胎薄釉器，豆占的比重非常大，大口折腹小尊、杯不见于衢州地区；衢州地区礼器组合中，厚胎厚釉礼器占了很大的比重，此区域的大口折肩尊、云雷纹罐、大口尊、盘口折腹尊等礼器也不见或少见于安吉地区，而且，衢州地区还出土有安吉地区少见的青铜器。《今本竹书纪年》周成王二十四年"于越来宾"；《逸周书·王会解》载：成王二十五年，王城既成，大会诸侯及四夷，"于越纳，姑妹珍"；《路史·国名纪》："姑蔑，一曰姑妹，大末也"。大末即今衢州龙游地区。综合浙西北与金衢地区礼器的差异及文献记载，表明越国至少在西周早期已经立国，并开始了对礼制的探索，该时期是越国礼制的滥觞期。同时，西周早期，浙西北地区与金衢地区两地礼器组合的差异，又表明这两个地区是两个并行发展的政治中心，分属于越和姑蔑。

西周中期，除了西周早期的单把盉、敛口豆、盉、折沿碗、盘口折腹尊等还延续使用外，其他礼器均已不见，另新出现葫芦形簋、桶形罐、托盘、三足碟、盘、三足盉等。抛弃了印纹硬陶大型云雷纹罐、瓿，新出现精美的带座扉棱簋。

西周晚期，就目前考古资料来看，原始瓷及印纹硬陶礼器种类均变少，原始瓷礼器只有盉、盘、盆、碟、鉴等，印纹硬陶礼器则只有尊一类。

《管子·轻重甲》桓公曰："天下之国，莫强于越。"经过西周时期的发展，春秋早期，越国的国力开始强大，对礼制的追求也达到新的高度，形成了鼎、尊、敛口卣、桶形卣等构成的

礼器组合，烧制原始瓷礼器的窑址同时出现[1]。印纹硬陶礼器已经不见。

此时期的典型墓葬的礼器组合从德清三合朱家村塔山土墩墓[2]和德清新市皇坟堆土墩墓[3]可窥一斑。塔山土墩墓的礼器组合为原始瓷鼎7件、圈足尊2件、平底尊7件、敛口卣1件、桶形卣1件、敛口罐3件、罐1件、盘1件、羊角形把杯3件、碗7件、折沿罐1件；皇坟堆土墩墓的礼器组合为鼎3件、桶形卣8件、敛口卣1件、尊7件、簋1件、罐3件和碟4件。从这两座土墩墓来看，春秋早期基本形成了鼎、尊、卣、罐、盘、杯、碗等的礼器组合，文化因素也均为本地文化传统（见本图录"春秋早期礼器"）。

西周晚期，厚胎厚釉原始瓷器已广泛分布于浙江东、北部和衢州地区。春秋早期，衢州龙游地区也出土了与浙北地区相同的礼器（图六）。在德清还发现了生产这类原始瓷礼器的窑址——德清火烧山窑址。《逸周书·王会解》："于越纳，姑妹珍。"孔晁注：于越，越也；姑妹，后属越。说明至少在西周晚期至春秋早期，衢州地区已经纳入越国的疆域范围之内。

春秋中期，只有桶形卣。春秋晚期礼器少见。

《史记·楚世家》：楚成王元年（公元前671年）"初即位，布德施惠，结旧好于诸侯。使人献天子，天子赐胙，曰：'镇尔南方夷、越之乱，无侵中国。'于是楚地千里"[4]。

《史记·楚世家》：楚庄王三年（公元前611年）"庄王左抱郑姬，右抱越女，坐钟鼓之间"。

《左传·昭公五年》："冬十月，楚子以诸侯及东夷伐吴，以报棘、栎、麻之役。……越

1. 浙江省文物考古研究所、故宫博物院、德清县博物馆：《德清火烧山》，文物出版社，2008年。
2. 朱建明：《浙江德清三合塔山土墩墓》，《东南文化》2003年第3期。
3. 姚仲源：《浙江德清出土的原始青瓷器——兼谈原始青瓷生产和使用中的若干问题》，《考古》1982年第4期。
4.（汉）司马迁撰：《史记》，中华书局，2013年。以下有关引自《史记》的文献均出自此书。

龙游溪口镇扁石砖瓦厂出土　龙游溪口镇扁石砖瓦厂出土　龙游溪口镇扁石砖瓦厂出土　龙游溪口镇郑家村出土　龙游溪口镇扁石砖瓦厂出土

德清皇坟堆出土　　　德清塔山土墩墓出土　　　德清皇坟堆出土　　　德清皇坟堆出土　　　德清皇坟堆出土

图六　金衢盆地与环太湖地区出土春秋原始瓷礼器

大夫常寿过师师会楚子于琐。"

《史记·楚世家》：楚灵王十二年（公元前 529 年）"初，灵王会兵于申，僇越大夫常寿过，杀蔡大夫观起"。

上述史料说明，春秋中期至春秋晚期允常称王之前，越国国力不强，越国只是楚国的附庸，越、楚虽有联姻、结盟关系，但此时的越国缺少吸收外来文化因素的内部动力，因而楚文化因素对越文化的影响较小。春秋中晚期，越国礼器的

数量、种类非常少，文化因素非常单纯，均为越地传统文化因素。这就是上述背景的最好注脚。

春秋末期允常拓土始大，称王，勾践继位，夫差败越，勾践质吴，三年归国，十年生聚，十年教训，覆灭强吴，"周元王使人赐勾践胙……诸侯毕贺，号称霸王"。越国国力强盛，越文化得到空前发展，随着印山越国王陵[1]、绍兴福全镇洪家墩窖藏[2]、海盐黄家山战国墓葬[3]、长兴鼻子山战国墓[4]、杭州余杭半山石塘战国墓[5]、

1. 浙江省文物考古研究所、绍兴县文物保护管理所：《印山越国王陵》，文物出版社，2002 年。
2. 周燕儿、蔡晓黎：《绍兴出土的印纹硬陶和原始瓷》，《东方博物》第十四辑，浙江大学出版社，2005 年。
3. 浙江省文物考古研究所、海盐县博物馆：《浙江海盐出土原始瓷乐器》，《文物》1985 年第 8 期。
4. 浙江省文物考古研究所、长兴县博物馆：《浙江长兴鼻子山越国贵族墓》，《文物》2007 年第 1 期。
5. 马时雍：《杭州的考古》，杭州出版社，2004 年。

绍兴平水四丰祝家山战国墓[1]、绍兴平水蔡家凹小家山 M17[2]、无锡鸿山邱承墩越国贵族墓葬[3]等的发掘，出土了兽面鼎、立耳鼎、附耳盖鼎、匜形鼎、甬钟、镈钟、句鑃、錞于、磬、鉴、盘、盆、匜等仿铜礼乐器，从此，大量原始瓷礼乐器开始进入我们视野。

从文化因素来看，此时的越国礼器有本地越文化因素及楚文化、徐文化、中原文化等外来文化因素，而且外来文化因素在越国礼器中占了重要地位，这标志着战国早中期越国礼器面貌发生了根本性的变化，越国礼制经过了重大变革，这种变革同样体现在此时期越国玉礼制度上[4]。

礼器及礼制的变革是表象，其突变的动因更是我们研究的重要内容。

一般来说，制度、观念的变化是由内外两方面的因素造成的。越国礼器制度、观念发生突变也不例外，这种突变由内因与外因结合造成，在这个过程中，内因为主，外因为辅，外因通过内因起作用。春秋中晚期，越国虽与楚国关系密切，但是，在礼制方面却没有受到楚礼的影响，应该就是由于越国缺少内在的动力。

春秋末期，勾践继位，灭吴称霸，迁都琅琊，与诸侯争雄。战国早中期，从勾践到无疆的几代均称王，越国国力达到巅峰。

然而，从文献来看，中原列国称越为"越人""越"，未列入侯爵的"公、侯、伯、子、男"，把越国作为南方蛮夷之国，排除在正统之外，遭到中原列国蔑视。勾践灭吴后，"致贡于周。周元王使人赐勾践胙。已受命号……"范蠡建议勾践去王号，范蠡认为"今君遂僭号不归，恐天变复见"，"越王不听"。

为了证明其称王的合理性，同时为了北上争霸，勾践必须寻找"法理"的支持，首要的就是要标榜自己是正统。《吴越春秋·勾践伐吴外传第十》："二十七年冬，勾践寝疾，将卒，谓太子与夷曰：'吾自禹之后，承允常之德……'"标榜自己是华夏后裔。表明自己为正统，只有理论上的支持还是不够的，还必须接受中原礼制，标榜正朔。西周至春秋时期的越国礼器已经不能满足越国统治者的这种需求，自然也就被抛弃了。

据文献记载，春秋晚期，徐国成为楚、吴两国争夺的对象。徐国在楚、吴的夹缝中求生存，徐与楚、吴之间时而战争、时而结盟，此种关系在《春秋》《左传》均有记载。随着公元前512年吴灭徐，徐奔楚，楚封徐于"夷"。定公四年（公元前 506 年），"吴入郢"，一部分居住在楚国的徐国贵族向外逃亡，其中一支经江西入浙江，来到越国。1982 年，浙江绍兴坡塘狮子山306 号墓出土的铜器中，有两件铜器铭文标明属徐，据研究，这座墓葬为葬在越国的徐人墓葬[5]。2003 年，绍兴市区塔山旁某基建工地又出十一件鸟虫书甬钟，从铭文知，铸钟者为徐王后裔[6]。

1.浙江省文物考古研究所：《绍兴越墓》，文物出版社，2016 年。

2.浙江省文物考古研究所：《绍兴越墓》，文物出版社，2016 年。

3.南京博物院、江苏省考古研究所、无锡市锡山区文物管理委员会：《鸿山越墓发掘报告》，文物出版社，2007 年。

4.黄吴德：《东周时期越国用玉制度突变考》，见《玉魂国魄——中国古代玉器与传统文化学术讨论会文集》（七），浙江古籍出版社，2016 年。

5.浙江省文物管理委员会、浙江省文物考古所等：《绍兴 306 号战国墓发掘简报》，《文物》1984 年第 1 期。

6.蒋明明：《浙江绍兴市发现一件春秋铭文铜甬钟》，《考古》2006 年第 7 期。

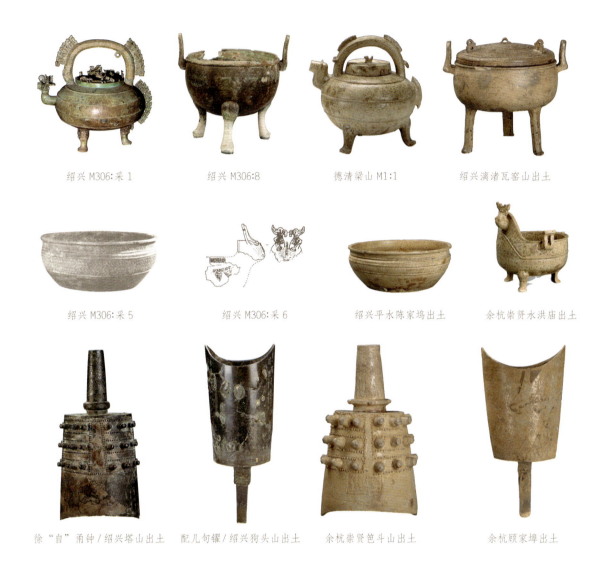

绍兴 M306:采 1　　　　　绍兴 M306:8　　　　　德清梁山 M1:1　　　　绍兴漓渚瓦窑山出土

绍兴 M306:采 5　　　　　绍兴 M306:采 6　　　　绍兴平水陈家坞出土　　　余杭崇贤水洪庙出土

徐"自"甬钟/绍兴塔山出土　配儿句镶/绍兴狗头山出土　　余杭崇贤笆斗山出土　　　余杭顾家埠出土

图七　浙江出土青铜礼乐器与原始瓷礼乐器比较图

诸暨也出土有徐文化因素的炭炉，上述大量徐文化因素出土即徐人入越的佐证。此外，浙江安吉龙山 D141M1[1]、蔡家乔小家山 M17[2]、皋埠镇凤凰山木椁墓[3]、余杭崇贤战国墓[4]、湖州云巢龙湾[5] 等越国高等级墓葬均出土有典型徐文化因素——原始瓷兽面鼎，这说明越国高级贵族中可能就有徐人。随着徐人来到越地，把徐、楚和中原的礼制文化带入越国。

越国北上争霸、标榜正统的内在需求与徐人带来的礼制完美结合，加上越地原始瓷烧造传统，从而导致了大量仿徐、楚及中原青铜礼器的原始瓷礼乐器的出现（图七），原始瓷的烧造工艺和

1. 浙江省文物考古研究所、安吉县博物馆：《浙江安吉龙山越国贵族墓》，《南方文物》2008 年第 3 期。
2. 浙江省文物考古研究所：《绍兴越墓》，文物出版社，2016 年。
3. 绍兴县文物管理委员会：《绍兴凤凰山木椁墓》，《考古》1976 年第 6 期。
4. 余杭县文物管理委员会：《浙江省余杭崇贤战国墓》，《东南文化》1989 年第 6 期。
5. 刘荣华：《湖州云巢龙湾出土的战国原始瓷》，《文物》2003 年第 12 期。

技术达到顶峰，一些生产原始瓷礼乐器的窑址也应运而生。

礼是社会经济、文化发展到一定程度的产物。"夫礼，天之经也，地之义也，民之形也。"（《左传·昭公二十五年》）"国之干也。"（《左传·僖公十一年》）《荀子·礼论》："礼者，以财物为用，以贵贱为文，以多少为异，以隆杀为要。"通过考察越国礼器，表明越国礼制经历了起源、发展、变革三个发展历程，越国礼制的三个发展历程也是越立国、发展、鼎盛争霸三部曲的反映。

三

中华文明的大一统过程，也是文化的"传承、交流、融合、创新"的过程。文化的交流、融合需要通过物来体现，印纹硬陶、原始瓷这两种在北方不常见、基本出土于高等级墓葬或遗址的文化遗存，广泛存在于南中国，东南地区更是多见，是南北文化交融的重要载体。夏商周时期，这两类器物在长江以北均有发现。

夏代的印纹硬陶、原始瓷资料，截至目前，只在河南偃师二里头遗址少量出土。印纹硬陶只

有鸭形鼎、壶，共2件。原始瓷4件，均为盉，其中2件保存稍好，另外2件均只有残片，无法看出器形。时代相当于二里头二期早、晚段和四期晚段[1]。

商代印纹硬陶、原始瓷出土数量增多，主要分布于黄河流域和江汉平原两大区域。黄河流域又可为郑洛地区、豫北冀南地区、山东地区和陕西地区（见本图录"江北地区出土商代原始瓷、印纹硬陶器分布图"）。

郑洛地区的典型遗址有河南郑州商城[2]、小双桥[3]、洛阳偃师商城[4]等。郑州商城出土有尊、罍、罐；郑州小双桥、偃师商城遗址以尊为主。其中，印纹硬陶以多种类型的罐和尊形器为主，原始瓷器则基本都为折肩尊。

豫北冀南地区的典型遗址有河北邢台大桃花与坂上[5]、藁城台西[6]、河南安阳洹北商城[7]、殷墟遗址[8]。邢台大桃花与坂上遗址出土有碗、罐；藁城台西遗址出土有尊、罐、瓮、罍；洹北商城遗址出土尊；殷墟遗址出土印纹硬陶和原始瓷的数量较多，器类有豆、壶、钵、罐、瓮等。

山东地区主要有济南大辛庄遗址[9]、益都苏埠屯墓地[10]。济南大辛庄遗址出土有罐、簋、碗；

1.a，中国社会科学院考古研究所：《偃师二里头——1959年~1978年考古发掘报告》，中国大百科全书出版社，1999年；
  b，中国社会科学院考古研究所：《二里头（1999~2006）》，文物出版社，2014年。
2.河南省文物考古研究所：《郑州商城——1953~1985年考古发掘报告》，文物出版社，2001年。
3.河南省文物考古研究所：《郑州小双桥——1990~2000年考古发掘报告》，科学出版社，2012年。
4.中国社会科学院考古研究所：《偃师商城》，科学出版社，2013年。
5.河北省文物复查队邢台分队：《河北邢台县考古调查简报》，《文物春秋》1995年第1期。
6.河北省文物研究所：《藁城台西商代遗址》，文物出版社，1985年。
7.中国社会科学院考古研究所安阳工作队：《1998~1999年安阳洹北商城花园庄东地发掘报告》，见《考古学集刊(15)》，文物出版社，2004年。
8.中国社会科学院考古研究所：《殷墟的发现与研究》，科学出版社，1994年。
9.a，山东大学历史系考古专业等：《1984年秋济南大辛庄遗址试掘述要》，《文物》1995年第6期；b，方辉等：《济南市大辛庄商代居址与墓葬》，《考古》2004年第7期。
10.谢治秀、由少平、郑同修主编：《中国出土瓷器全集(06)·山东卷》，科学出版社，2008年。

益都苏埠屯墓地只出土有豆。

陕西地区主要有西安老牛坡[1]、耀县北村[2]、华县南沙村[3]等遗址，主要出土有原始瓷尊。

上述出土的商代印纹硬陶和原始瓷可分为商代前期和商代后期两个时期。

商代前期，印纹硬陶主要有罐、尊形器、折肩尊。纹饰有云雷纹、方格纹、席纹、叶脉纹等。原始瓷只有浅腹折肩尊、深腹双折肩尊，前者一般拍印方格纹，后者拍印细密浅细的短条纹，少量在肩部拍印席纹。

商代后期，印纹硬陶、原始瓷主要出土于殷墟遗址。印纹硬陶有直口平底罐、折肩圈底罐、小口扁腹罐、扁腹凹底罐、折肩圈足瓿等，纹饰有方格纹、席纹、细绳纹等。原始瓷主要有瓮、罐、豆、钵、壶、瓿等。多为素面，纹饰有方格纹、横向条纹等。

江汉平原以武汉黄陂盘龙城遗址为代表[4]，出土印纹硬陶及原始瓷器类较多，纹饰丰富。印纹硬陶主要有小口球腹罐、侈口垂腹罐、直腹罐、长颈鼓腹罐、斜腹圈足尊、折肩圈足尊、折肩圆凹底尊等。纹饰有云雷纹、方格纹、席纹、叶脉纹、条纹等。原始瓷器类比较单一，只有深腹双折肩圆凹底尊、鼓腹罐、斜腹圈足尊等。年代为商代前期。

北方地区西周原始瓷的发现始于郭宝钧1932年到1933年在河南浚县辛村的四次考古发掘[5]，此后，经过多年的考古工作，长江以北地区的原始瓷器日趋增多，在分布范围和出土数量上均超过了该地区在夏、商代时的状况。从出土背景来看，北方地区原始瓷和印纹硬陶多出土于高等级贵族墓葬，主要有陕西长安张家坡西周墓地[6]、山东滕州前掌大墓地[7]、山西北赵晋侯墓地[8]、山西翼城大河口霸国墓地[9]、山西绛县横水倗国墓地[10]、河南洛阳北窑西周墓地[11]、平顶山应国墓地[12]、鹿邑太清宫长子口墓[13]、湖北随州叶家山曾国墓地[14]等（见本图录"江北地区出土西周原始瓷、印纹硬陶器分布图"）。

陕西张家坡西周墓地出土原始瓷尊1件、

1. 刘士莪：《老牛坡》，陕西人民出版社，2002年。
2. 北京大学考古系商周组、陕西省考古研究所：《陕西耀县北村遗址1984年发掘报告》，《考古学研究》（二），北京大学出版社，1994年。
3. 北京大学考古教研室华县报告编写组：《渭南古代遗址调查与试掘》，《考古学报》1980年第3期。
4. 湖北省博物馆：《盘龙城——1963~1994考古发掘报告》，文物出版社，2001年。
5. 郭宝钧：《浚县辛村》，科学出版社，1964年。
6. 中国社会科学院考古研究所：《张家坡西周墓地》，中国大百科全书出版社，1999年。
7. 中国社会科学院考古研究所：《滕州前掌大墓地》，文物出版社，2005年。
8. 孟耀虎：《晋侯墓地出土原始青瓷》，《文物世界》2002年第2期。
9. 山西省考古研究所大河口墓地联合考古队：《山西翼城大河口西周墓地》，《考古》2011年第7期。
10. 山西省考古研究所：《山西绛县横水西周墓地M2158发掘简报》，《考古》2019年第1期。
11. 洛阳市文物工作队：《洛阳北窑西周墓》，文物出版社，1999年。
12. 河南省文物考古研究所、平顶山市文物管理局：《平顶山应国墓地》，大象出版社，2012年。
13. 河南省文物考古研究所、周口市文化局：《鹿邑太清宫长子口墓》，中州古籍出版社，2000年。
14. a，湖北省文物考古研究所、随州市博物馆：《湖北随州叶家山M28发掘报告》，《江汉考古》2013年第4期；b，湖北省文物考古研究所、随州市博物馆：《湖北随州叶家山M65发掘简报》，《江汉考古》2011年第3期；c，湖北省文物考古研究所、随州市博物馆：《湖北随州叶家山西周墓地发掘简报》，《文物》2011年第11期；d，蔡路武、黄凤春等：《试析湖北随州叶家山西周墓地出土原始瓷青瓷及相关问题》，见《印纹硬陶与原始瓷研究》，故宫出版社，2016年。

豆 31 件、盖 4 件，器表施青釉，纹饰有方格纹、弦纹、篦纹。印纹硬陶罍 3 件，纹饰有方格纹、菱形方格凸点纹、回纹。

山东滕州前掌大墓地出土原始瓷共 28 件，豆 23 件、釜 1 件、簋 1 件、尊 1 件、罍 1 件、罐 1 件，纹饰有方格纹、刻划三角纹、刻划叶脉纹、弦纹，豆的口沿外侧多贴塑窄扁条状泥耳。印纹硬陶共出土 17 件，器类有尊、罍、瓿、釜、罐、瓮等，以圈足器居多，少量圜底器，纹饰以大方格纹和小方格纹为主，少量附加堆纹、弦纹、戳印纹等。

山西北赵晋侯墓地出土原始瓷器 17 件，其中豆 11 件、罐 4 件及尊、瓮各 1 件。纹饰有方格纹、弦纹、篦纹。

山西翼城县大河口霸国墓地原始瓷主要出土于 M1，共 11 件，其中，大口折肩尊 1 件、大口鼓腹圈足尊 1 件、罍 2 件、豆 6 件、瓿 1 件。施青釉，器表素面。绛县横水西周墓地 M2158 出土有原始瓷盂、豆等。

河南平顶山应国墓地出土原始瓷豆 42 件、三盘联体豆 1 件、尊 1 件、大口折腹圈足小尊 1 件、罍 1 件、盂 1 件、簋 1 件、瓿 2 件、瓮 1 件。纹饰有方格纹、刻划叶脉纹、瓦楞纹、方格纹、曲折纹。印纹硬陶器有瓿、尊各 1 件。纹饰有菱形回字凸点纹、方格纹。

河南鹿邑太清宫长子口墓出土原始瓷共 12 件，有豆 10 件和尊、瓮各 1 件。大多器物内外皆施釉，个别底部不施釉，釉呈淡青色或青绿色。施釉均匀，釉色明亮，个别有聚釉现象。纹饰主要要有弦纹、篮纹和方格纹三种。

河南洛阳北窑西周墓地出土数量众多的原始瓷，其中以碎片为多。这些原始瓷的残片能辨别器形者有 398 件，可以基本复原的有 224 件。器形有豆、豆盖、罍、尊、瓿、簋、瓮、罐、碟等。

湖北随州叶家山曾国墓地出土原始瓷共 71 件，其中，豆 28 件、豆托 6 件、尊 10 件、瓿 12 件、罍 5 件、瓮 7 件、簋 1 件、器盖 2 件。

综上，西周时期，北方地区出土印纹硬陶数量不多，绝大多数均为原始瓷。原始瓷器类有豆、罍、瓿、尊、瓮、豆托、簋、盂、碟、釜、器盖等，其中以豆、罍、瓿、尊、瓮为多。纹饰有方格纹、刻划叶脉纹、凹弦纹、人字纹、篦纹、波折纹、云雷纹等。豆的口沿外壁多见宽扁状泥条耳，另还有少量小扁方实心泥条、圆形小泥饼。罍、瓿、尊的肩部均有复系，瓮均为泥条盘筑成型，厚胎厚釉，器表多饰方格纹。印纹硬陶有尊、罍、瓿、釜、罐、瓮等，纹饰有方格纹、回纹、菱形方格凸点纹、菱形回字凸点纹。

20 世纪 30 年代，河南浚县辛村出土原始瓷以来，对于北方印纹硬陶、原始瓷的来源就是学界讨论的焦点，主要从考古类型学和胎釉成分分析出发，讨论北方原始瓷和印纹硬陶的产地，主要有"北方本地产说"和"南方来源说"两种观点。

"北方本地产说"由安金槐先生提出，他先后撰写四篇文章，从郑州商城出十两片烧裂的原始瓷残片、胎质原料、器物的形制和纹饰等方面出发，论述中原出土的商代原始瓷和印纹陶为北方本土所产[1]。卢建国认为河南、陕西出土的

---

1. 安金槐：《谈谈郑州商代瓷器的几个问题》，《文物》1960 年第 8、9 期合刊；《谈谈郑州商代的几何印纹硬陶》，《考古》1961 年第 4 期；《关于我国瓷器起源问题的初步探讨》，《考古》1978 年第 3 期；《对于我国瓷器起源问题的初步探讨》，《中国古陶瓷论文集》，文物出版社，1982 年。

西周原始瓷，尤其是张家坡西周墓地出土的原始瓷器，是在当地或附近地区烧造的[1]。钱益汇通过山东地区原始瓷与吴城为代表的南方原始瓷比较研究，认为山东地区的商周原始瓷是当地烧制的[2]。朱剑采用微、痕量元素分析法，认为原始瓷具有多个产地，北方出土原始瓷、印纹陶为北方生产[3]。陈铁梅对朱剑、夏季等人的北方说进行了评议，不认同朱剑等检测分析原始瓷和硬陶标本时只注重微、痕量元素的含量，而忽视主次量元素的做法，他认为，从朱剑等的胎体微、痕量元素组分的主成分分析图来看，北方原始瓷与江西吴城样品最接近，并不支持其"北方说"；且认为朱剑分析平顶山应国墓地样品的胎釉组成时，忽视了多数样品的胎体组成均在南方瓷石的组成范围内的测量数据，朱剑的结论缺乏说服力[4]。

"南方来源说"的观点最早由周仁提出，他对张家坡居址出土的陶瓷碎片进行成分分析，认为它们与原始的"吴越青瓷相当接近"，夏鼐先生在该文的按语中，根据陶瓷片的出土情况、器物形制和纹饰特点，进一步推测，张家坡西周陶瓷碎片的烧造地可能在南方[5]。随后，周仁据张家坡西周居址出土的原始瓷与屯溪墓葬出土原始瓷的化学成分的对比分析，认为张家坡西周居址出土的原始瓷属于南方青瓷系统[6]。此后，又有多位学者应用不同的科学检测方法，论证了北方出土的原始瓷产地在南方[7]。陈铁梅将陶瓷生产看作社会经济的某种生产行业，回顾了隋代以前南北方的陶瓷业发展史，结合南北方不同的资源环境，从李家治、罗宏杰等根据对自新石器时代至清代的700余片陶瓷胎体化学组成进行的成分分析的因子负载图出发，依据原始瓷和印纹硬陶样品与南方瓷器相聚较近、而与北方瓷器明显隔离，说明原始瓷和印纹陶应属南方产品[8]。

综上，近年来，南方说的观点逐渐被学界所认可。但是对于具体来源于南方什么地方却有不同意见。廖根深认为中原商代印纹陶、原始瓷的产地应在以江西为中心的南方地区[9]；黎海超认为黄河流域出土的早、中商时期印纹硬陶和原始瓷器并非来自南方单一地点，主要源于盘龙城、吴城、池湖等多个地点，其中有部分器物可能通过盘龙城转运至黄河流域。到晚商时期，印纹硬陶和原始瓷器的来源包括长江中游对门山—费家河类遗存和长江下游南山窑址的多个地点。印纹硬陶和原始瓷器可能只是当时南北资源、文化

1. 卢建国：《商周瓷器烧造地区再探讨》，《文博》1993年第6期。
2. 钱益汇：《浅谈山东发现的商周原始瓷器》，《中国文物报》2001年10月26日第7版。
3. 朱剑、王昌燧、王妍等：《商周原始瓷产地的再分析》，《南方文物》2004年第1期。
4. 陈铁梅：《在宏观和历史的视角下对北方出土的商周原始瓷产地的再探讨》，《文物》2016年第6期。
5. 周仁、李家治、郑永恒：《张家坡西周居住遗址陶瓷碎片的研究》，《考古》1960年第9期。
6. 周仁、李家治：《中国历代名窑陶瓷工艺的初步科学总结》，《考古学报》1960年第1期。
7. 程朱海、盛厚兴：《洛阳西周青釉器碎片的研究》，《硅酸盐通报》1983年第4期；罗宏杰、李家治、高力明：《北方出土原始瓷烧造地区的研究》，《硅酸盐学报》1996年第3期；陈铁梅：《中子活化分析对商时期原始瓷产地的研究》，《考古》1997年第7期；古丽冰、邵宏翔、刘伟：《电感耦合等离子体发射光谱分析商代原始瓷样》，《岩矿测试》1999年第3期；《感耦等离子体质谱法测定商代原始瓷中的稀土》，《岩矿测试》2000年第3期；廖根深：《中原商代印纹陶、原始瓷烧造地区的探讨》，《考古》1993年第10期；陈铁梅：《在宏观和历史的视角下对北方出土的商周原始瓷产地的再探讨》，《文物》2016年第6期。
8. 陈铁梅：《在宏观和历史的视角下对北方出土的商周原始瓷产地的再探讨》，《文物》2016年第6期。
9. 廖根深：《中原商代印纹陶、原始瓷烧造地区的探讨》，《考古》1993年第10期。

交流中的"次要产品"[1]；牛世山从原料、技术、文化风格等方面做了具体分析和讨论，结合陶瓷史专家的研究成果，赞同包括殷墟在内的中原和北方地区的商代原始瓷产自南方说。认为要追溯殷墟原始瓷的来源，首先要关注的地区应该是湖南湘江下游地区，以及江西赣江流域以吴城遗址为中心的地区[2]。

笔者赞同北方原始瓷、印纹硬陶来源于南方的观点，并且认为不同时代来源于南方不同地区。下面，我们从考古类型学的角度，对夏商周时期南北方原始瓷、印纹硬陶的关系做些探讨。

二里头遗址出土的鸭形鼎（IVM26：1）为夹砂灰陶，矮领、鸭形腹，底附三乳丁足，背部有宽带状鋬，鋬面饰人字纹和圆形小泥饼。截至目前，这类器物只有这唯一的一件。该器去掉三足后，形制与马桥文化的鸭形壶相似。鸭形壶是马桥文化的典型器类。

二里头遗址出土的原始瓷或泥质陶长流平底盉与浙南闽北地区出土的印纹硬陶长流平底盉在形制上接近，成为学界讨论夏时期中原地区与浙南闽北地区文化交流及北方原始瓷印纹陶来源的代表性器物。庞小霞、高江涛认为浙南闽北的印纹硬陶长流平底盉是二里头文化以铜、玉、陶礼器为载体的礼乐系统或礼乐文明向东南地区扩展的过程中，受二里头陶礼器"壶形盉"的影响产生[3]。罗汝鹏认为浙南闽北的象鼻盉（即长流平底盉）源于对中原地区高等级礼仪性器物的模仿，反过来被作为"贡品"以"贡赋"的形式进贡给中原王朝[4]。

目前，江北地区二里头文化时期的长流平底盉共出土10件，其中二里头遗址9件，有原始瓷及泥质磨光陶两类，原始瓷4件，二里头二期早段1件，二里头二期晚段1件，二里头四期晚段2件[5]。其中两件保存相对较好。泥质陶长流平底盉5件，其中二里头文化二期早段1件，二里头文化二期晚段4件。浙南闽北地区共出土3件，闽北光泽马岭、浙江江山肩头弄、松阳新乡各出土1件。

从器物形制来看，二里头二期早段的2002VH57：3泥质陶长流平底盉，顶盖隆起，近半圆形口，圆管状短流，管口及中部有凸棱，颈部较短，有两道凸棱，上腹外鼓，下腹部斜收，足残，肩腹部饰短线刻划纹。浙南闽北地区，年代较早的浙江江山肩头弄、福建光泽马岭出土的长流平底盉为圆柱形管状长流，垂鼓腹，假圈足，足外壁无凸棱，平底，腹部拍印菱形云雷纹。可见，两者在整体形制上基本相似，但是流、腹部特征和纹饰上均存在较大的差异。肩头弄、马岭出土的长流平底盉的腹部、假圈足、长流的元素都能从本地找到来源。

二里头二期早段的2003VH215：4原始瓷长流平底盉，夹细砂青灰胎。管流斜向上，近半圆形口，宽带状鋬，束颈较粗。器外壁施酱褐釉。流外壁根部两侧及上端各饰一乳丁，颈部

1. 黎海超：《黄河流域商时期印纹硬陶和原始瓷器产地研究——以郑州商城和殷墟为中心》，《江汉考古》2017年第4期。
2. 牛世山：《殷墟出土的硬陶、原始瓷和釉陶——附论中原和北方地区商代原始瓷的来源》，《考古》2016年第8期。
3. 庞小霞、高江涛：《先秦时期封顶壶形盉初步研究》，《考古》2012年第9期。
4. 罗汝鹏：《从"象鼻盉"到原始瓷大口折肩尊——论夏商时期东南地区与中原王朝的关系》，见于《闽北古陶录》，文物出版社，2017年。
5. 2002VT23D6L:2，为肩部残片，报告把此残片划归二里头二期早段，从纹饰来看，此件残片纹饰为比较方正的云雷纹，而属二里头二期的2003VH215:4的纹饰为菱形云雷纹，两者纹饰存在较大的区别，从纹饰演变来看，比较方正的云雷纹相对较晚，而且，2002VT23D6L:2出土单位为二里头四期遗迹，在此我们把2002VT23D6L:2盉调整为二里头四期晚段。

流下方有刻划符号，颈部饰一周凸棱，腹部拍印菱形雷纹。形制和纹饰都与浙江江山[1]、闽北马岭遗址[2]出土的印纹硬陶长流平底盉相同，而与二里头文化二期早段 2002VH57：3 这类长流平底盉差别明显；二里头二期晚段的 2002VM5：1 原始瓷长流平底盉的颈部和腹部特征也与浙闽地区的长流平底盉相同。二里头遗址出土的原始瓷长流平底盉应该来源于浙闽地区。

2002VM3：9 这类泥质磨光灰陶长流平底盉，二里头二期晚段开始出现，腹部与 2002VH57：3 泥质磨光灰陶长流平底盉的腹部同，颈部和长流则与 2003VH215：4 原始瓷长流平底盉相同，2002VM3：9 这类泥质磨光灰陶长流平底盉应该是本地文化因素与浙闽地区长流平底盉相结合的产物，这也间接说明此时中原地区还不具备烧制原始瓷长流平底盉的技术。2002VM3：9 泥质磨光灰陶长流平底盉出土于二里头遗址最高等级的墓葬中，成为高等级贵族墓葬随葬品礼器组合之一。

通过以上分析，我们认为，浙闽地区长流平底盉应该是传承、交流、融合、创新的产物，并形成了自身的发展系列。二里头文化的原始瓷长流平底盉与印纹陶主要来源于闽浙赣交界处的肩头弄文化和环太湖地区的马桥文化。二里头遗址出土原始瓷的化学成分具有南方瓷石高硅低铝的特征[3]。这也说明二里头遗址的原始瓷来源于南方地区。传播到二里头文化的原始瓷长流平底盉又影响了本地泥质陶长流平底盉的发展历程，二里头本地陶长流平底盉融合浙闽长流平底盉的文化因素，创新出的 2002VM3：9 这类泥

质磨光灰陶长流平底盉，成为二里头二期晚段长流平底盉的主要类型，并为二里头文化最高等级贵族接受。二里头文化长流平底盉与浙闽地区长流平底盉的相互关系可以通过图八表示。

商代前期，郑州商城的 BQM2：13、盘龙城遗址的 PLWM10：2 矮领双折肩尊与闽北光泽池湖积谷山 M9：66 原始瓷深腹双折肩尊形制相似或雷同；盘龙城 PWZT82⑧：4、郑州商城 MGM2：1 高领双折肩尊，腹部纹饰及肩腹部形制与光泽池湖积谷山 M9：66 一致，只是领部比后者长。盘龙城 PWZT82⑧：4 及郑州商城 MGM2：1 这类高领双折肩尊，可能是池湖积谷山 M9：66 尊受到北方青铜高领大口尊的影响产生，然后再传到江北地区。郑州商城的 C5T4①：18 原始瓷单折肩尊、盘龙城遗址 PLZM1：24 单折肩尊与吴城遗址 1986QSWT14③A：5 单折肩尊在形制、纹饰上雷同（图九）。盘龙城遗址的 PYZT3⑤：29、PYWM9：5 斜腹圈足尊分别与江西鹰潭角山窑址的 2003YJH18：2、2003YJY9：40 斜腹圈足尊相似；盘龙城李家嘴 H1④：16、盘龙城杨家湾 H6：42 侈口垂腹凹圜底罐与江西吴城遗址 1993ZW（H）T15④：2 罐在形制和纹饰上相同；盘龙城遗址 PWZT5③：26 高领广肩罐与吴城遗址 1974 秋 QSW（E）T9H11：16 罐相似（图一〇）；盘龙城李家嘴 M2：49 高领球腹罐与江西万年肖家山同类型罐相同。

综上，长江以北商代前期的原始瓷和印纹硬陶的主要器类都能从南方找到来源，其中，双折肩尊主要来源于闽北的白主段类型的池湖遗址；大口斜腹圈足尊类圈足器和高领球腹罐主要

1. 牟永抗、毛兆廷：《江山县南区古遗址、古墓葬调查试掘》，见《浙江省文物考古所学刊》，文物出版社，1981年。
2. 福建博物院、光泽文化局、文化馆：《福建省光泽县古遗址古墓葬的调查与清理》，《考古》1985年第12期。
3. 鲁晓珂、李伟东、罗宏杰等：《二里头遗址出土白陶、印纹硬陶和原始瓷研究》，《考古》2012年第10期。

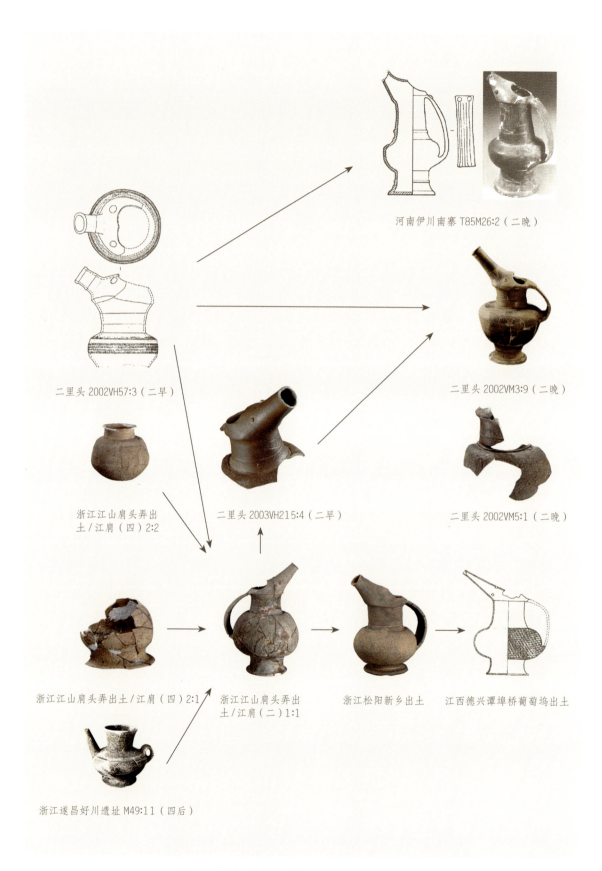

河南伊川南寨 T85M26:2（二晚）

二里头 2002VH57:3（二早）

二里头 2002VM3:9（二晚）

浙江江山肩头弄出
土/江肩（四）2:2

二里头 2003VH215:4（二早）

二里头 2002VM5:1（二晚）

浙江江山肩头弄出土/江肩（四）2:1

浙江江山肩头弄出
土/江肩（二）1:1

浙江松阳新乡出土

江西德兴谭埠桥葡萄坞出土

浙江遂昌好川遗址 M49:11（四后）

图八　江北地区与闽浙赣地区出土长流平底盉关系图

吴城遗址单折肩尊 1986QSWT14 ③ A:5   盘龙城单折肩尊 PLZM1:24   郑州商城单折肩尊 C5T4 ① :18

光泽池湖积谷山 M9:66   盘龙城矮领双折肩尊 PLWM10:2   郑州商城矮领双折肩尊 BQM2:13

盘龙城青铜高领大口尊 PYWM7:6   盘龙城高领双折肩尊 PWZT82 ⑧ :4 郑州商城高领双折肩尊 MGM2:1

图九　江南地区与江北地区出土商代前期印纹陶原始瓷器比较图之一

盘龙城 PYZT3 ⑤ :29   盘龙城 PYWM9:5   盘龙城 PYWH6:42   盘龙城 PYWT5 ③ :26

鹰潭角山 2003YJH18:2   鹰潭角山 2003YJY9:40   吴城 1993ZW(H)T15 ④ :2   吴城 1974 秋 QSW(E)T9H11:16

图一〇　江南地区与江北地区出土商代前期印纹陶原始瓷器比较图之二

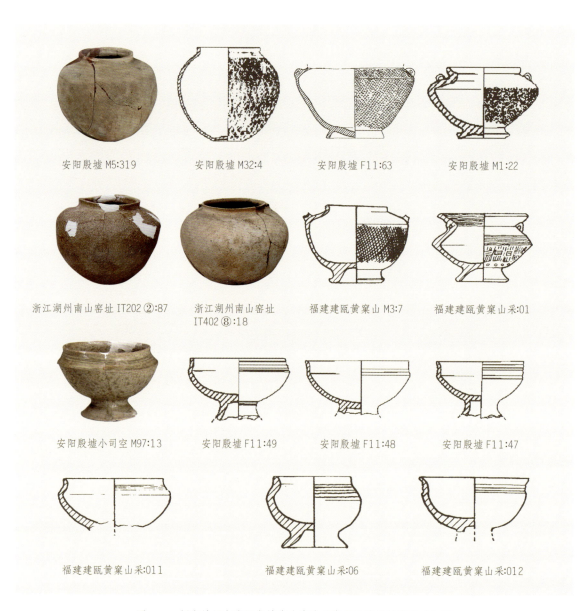

安阳殷墟 M5:319　　　安阳殷墟 M32:4　　　安阳殷墟 F11:63　　　安阳殷墟 M1:22

浙江湖州南山窑址 IT202②:87　　浙江湖州南山窑址　　福建建瓯黄窠山 M3:7　　福建建瓯黄窠山采:01
　　　　　　　　　　　　IT402⑧:18

安阳殷墟小司空 M97:13　　安阳殷墟 F11:49　　安阳殷墟 F11:48　　安阳殷墟 F11:47

福建建瓯黄窠山采:011　　　福建建瓯黄窠山采:06　　　福建建瓯黄窠山采:012

图一一　闽浙地区与安阳殷墟出土商代后期印纹陶原始瓷器对比图

来源于角山类型和万年类型，方格纹单折肩尊、高领广肩罐、高领垂腹罐主要来源于吴城文化。浙闽赣交界地是北方商代前期印纹硬陶和原始瓷的主要来源地。

商代后期，印纹硬陶、原始瓷主要出土于殷墟遗址，印纹硬陶有直口平底罐、折肩圜底罐、小口扁腹凹底罐、折肩圈足瓿等。原始瓷主要有瓮、罐、豆、钵、壶、瓿等。

先看看印纹硬陶。

直口平底罐 M5:319，小屯北地妇好墓出土，敛口，短沿直立，圆肩，平底，肩及以下饰席纹。M32:4，刘家庄北地出土，矮领，圆肩，肩部有三个小耳，凹圜底，颈部饰四周弦纹，肩及以下饰菱形云雷纹。这两件罐与浙江南山窑址第五期的湖·南 IT202②:87、湖·南 IT402⑧:18相似，菱形云雷纹、席纹也是南山窑址常见的纹饰，肩部贴小耳也是南山窑址的常见特点。折肩圜底罐 GM907∶15，侈口，折肩，圜底，器表拍印条纹。折肩是吴城文化典型风格。折肩圈足瓿 M1∶22 与闽北黄窠山遗址采∶01 相似[1]。

再来看原始瓷器。

瓮(罐)F11∶46，沿极短，器表拍印横向条纹。罐 F11∶64，肩部饰小方格纹，中间有一道弦纹。均小屯北地出土，浅灰色胎，厚胎厚釉，内外壁的上部均施浅绿色釉，有流釉痕。这种形制的罐（瓮），饰条纹、方格纹，西周早期在金衢地区常见，厚胎厚釉也是金衢地区的特色。殷墟 M97∶13、F11∶47、F11∶48、F11∶49豆，体形较小，豆盘腹较深，矮圈足，直口微侈，豆盘外壁有弦纹，与闽北黄窠山采∶11、采∶06、采∶012，在器形、豆盘外壁饰弦纹、釉色上均相同。F11∶63瓿，在形制上也与闽北黄窠山 M3∶7 相似（图一一）。

综合印纹硬陶与原始瓷两方面的分析，商代晚期，北方原始瓷、印纹硬陶主要来源于浙江西南和闽北地区，也有一部分来源于吴城文化及浙江东苕溪流域的南山窑址。结合浙江温州杨府山土墩墓[2]、湖州昆山遗址[3]、安吉三官周家湾[4]、江西吴城遗址及闽北地区出土的商代晚期中原文化因素，如杨府山土墩墓的玉柄形器，昆山遗址出土的商式陶鬲、卜骨，安吉三官周家湾出土的具有中原风格的商代晚期青铜器，更证明这种文化交流互动是存在的。

据前文，西周时期，北方地区出土印纹硬陶数量不多，绝大多数均为原始瓷。原始瓷器类有豆、罍、瓿、尊、瓮、豆托、簋、盂、碟、釜、器盖等，其中以豆、罍、瓿、尊、瓮为多。纹饰有方格纹、刻划叶脉纹、凹弦纹、人字纹、篦纹、波折纹、云雷纹等。罍、瓿、尊的肩部均有复系，瓮均为泥条盘筑成型，厚胎厚釉，器表多饰方格纹。印纹硬陶只有尊、罍、瓿、釜、罐、瓮等，纹饰有方格纹、回纹、菱形方格凸点纹、菱形回字凸点纹。

豆的数量最多，根据器物形制，主要可分为三种类型。

第一种，豆盘壁较矮直，盘壁外侧多见窄扁状泥条耳，另还有少量小扁方实心泥条、圆形小泥点。浙江湖州南山窑址商代原始瓷豆、罐、钵的口沿外侧也多见这种扁状泥条贴塑，但是，目前还没有发现西周时期烧制这类豆的窑址，因此，不确定北方出土的这类口沿外侧有贴塑的豆是否与东苕溪流域有关。然而，我们注意到闽北建瓯黄窠山遗址出土较多这种类型的豆，闽北武夷山竹林坑窑址也出土有这类产品[5]，滕州前掌大墓地 BM4∶25 豆与福建政和熊山镇官湖村佛字山 M1∶17 雷同。因而，就目前考古材料来看，这类豆可能来源于闽北地区。

第二种，侈口或直口豆，豆盘内壁饰弦纹。如北赵晋侯墓地 M33∶152 原始瓷豆，侈口，盘壁外侧有凹弦纹，内底有两圈细弦纹间于篦纹，与杭州萧山柴岭山 D23M1∶4 豆相同[6]，这种篦

1. 福建省博物馆：《福建建瓯黄窠山遗址发掘报告》，《考古》1995年第 1 期。
2. 浙江省文物考古研究所、温州市文物保护考古所、瓯海区文博馆：《浙江瓯海杨府山西周土墩墓发掘简报》，《文物》2007年第 11 期。
3. 浙江省文物考古研究所、湖州市博物馆：《昆山》，文物出版社，2006年。
4. 浙江安吉县博物馆：《浙江安吉出土商代铜器》，《文物》1986年第 2 期。
5. 中国国家博物馆水下考古研究中心、福建博物院文物考古研究所、武夷山市博物馆：《武夷山古窑址》，科学出版社，2015年。
6. 杭州市文物考古研究所、萧山博物馆：《萧山柴岭山土墩墓》，文物出版社，2013年。

张家坡西周墓地 M152:131　天马－曲村遗址 M6080:4　滕州前掌大墓地 BM4:25　大河口霸国墓地 M1:59

萧山柴岭山 D23M1:4　　江山江地(平)5:2　　福建政和县熊山镇　　福建建瓯黄窑山 M3:5
　　　　　　　　　　　　　　　　　　　官湖村佛字山 M1:17

洛阳北窑 M54:2　　滕州前掌大墓地 BM3:37　河南鹿邑长子口 M1:98　随州叶家山墓地 M27:77

江山江地(平)3:2　福建建瓯黄窑山 M2:2　福建建瓯黄窑山采:8　福建建瓯黄窑山采:014

武夷山竹林坑窑址 ITG1①:01　武夷山竹林坑窑址 ITG2①:29　武夷山竹林坑窑址出土

图一二　闽浙地区与江北地区出土西周原始瓷器对比图之一

纹在武夷山竹林坑窑址常见。

第三种，敛口豆，有的口沿外壁贴有成对的小泥饼，如山西曲沃 M6080:4 原始瓷豆，与 1979 年江山市地山岗平天塘出土的编号为江地（平）5:2 豆相同。

洛阳北窑西周墓地的 M54:2 带盂豆，豆盘中放置盂，与 1979 年江山市地山岗平天塘出土的江地（平）3:2 的豆相似，应该有渊源关系（图一二）。

尊，有三种类型。

第一种，张家坡西周墓地 M129:02 深腹折肩尊，侈口，斜直领，折肩，深腹，小平底、矮圈足，肩上有四个环状系耳，肩部拍印小方格纹和弦纹，腹部拍印小方格纹，器表施豆青釉，器形与1979年江山市峡口地山岗采集的尊相同。在武夷山竹林坑窑址也出土有这类尊的口沿残片。叶家山墓地M27：100这类浅腹折肩尊，形制上与江山采集的尊一样，只是器形变矮了。

第二种，深腹双折肩尊，如前掌大墓BM3：3应该和闽北光泽池湖积谷山M9：66有渊源关系。

第三种，平顶山应国墓地M84：29，敞口折腹小尊与余杭临平公园出土小尊雷同，滕州前掌大墓地BM3：46与安吉上马山D90M1：32相似。

瓿在叶家山墓地、前掌大墓地、洛阳林校车马坑等均有出土。厚胎厚釉，这种瓿与浙江台州黄岩小人尖土墩墓及安徽黄山屯溪土墩墓M1出土的瓿器形相似，但是纹饰有别，北方地区的此类瓿以饰方格纹为主，黄岩小人尖[1]和屯溪土墩墓[2]出土的瓿一般饰折线纹。

瓿也是出土较多的原始瓷器，基本出土于叶家山墓地，叶家山M2：13瓿的形制与福建闽北黄窠山采：01相似。叶家山M27：98这类折腹盖罐，虽然没有发现与其完全相同的器物，但其器身与福建政和熊山镇官湖村佛字山M1：15相同，肩部的刻划叶脉纹的做法也一样。在安徽屯溪土墩墓也常见这种折腹器。肩部刻划叶脉纹、桥形耳、贴小泥饼的作风也在金衢地区多见。

滕州前掌大墓地M109：10瓿、M109：12

釜也与福建黄窠山M3：7、M3：2基本相同（图一三）。

综合以上分析，北方地区出土的西周时期原始瓷大部分都能在金衢闽北地区找到来源，而且，在福建武夷山还有烧造西周早中期原始瓷的窑址，这说明西周时期北方地区的原始瓷器产于浙西南、闽北地区。同时我们也注意到，北方出土的原始瓷，比如瓿，虽然能从南方找到相似器物，但是在纹饰上却不一样。此外，尽管少量北方地区出土的原始瓷在南方没有找到相似器物，比如大河口霸国墓地出土的尊（M1：80），洛阳北窑出土的簋（M307：18）、罍（M202：3），鹿邑长子口墓出土的敞口扁鼓腹圈足尊（M1：25）、叶家山墓地出土的折腹带盖罐（M27：115）等（见本图录）。另外，前掌大墓地出土的印纹硬陶敞口折腹圈足尊，目前在南方地区也没有发现。然而，这少量器物在胎质、纹饰特征方面也可从南方找到来源。这种情况是由于出土材料较少，还没有发现同类器物？还是由于南方制瓷工匠北迁、在北方仿制，因此在南方找不到相似器物，但是带有南方风格？抑或是如宋代地方向中央贡奉瓷器一样，是通过一种"制样需索"、来样加工的贡赋方式，进贡给中原王朝？这是今后我们要进一步探索的问题。

考古研究要透物见人，研究历史，复原古代社会。因而，研究原始瓷的产地并不是我们的终极目标，文化交流背后的动因、流通路线、方式等研究更是我们要着重关注的。近年来，学界也开始由单纯关注原始瓷、印纹硬陶产地探讨，

1.浙江省文物考古研究所、黄岩博物馆：《黄岩小人尖西周时期土墩墓》，见浙江文物考古研究所：《浙江省文物考古研究所学刊（建所十周年纪念1980～1990）》，科学出版社，1993年。

2.李国梁：《屯溪土墩墓发掘报告》，安徽人民出版社，2006年。

滕州前掌大墓地 BM3:46　　张家坡西周墓地 M129:02　　平顶山应国墓地 M84:29　　随州叶家山墓地 M27:98

安吉上马山 D90M1:32　　江山峡口地山岗采集　　余杭临平公园出土　　福建政和县熊山镇
官湖村佛字山 M1:15

随州叶家山墓地 M2:13　　洛阳林校车马坑 C3M230:2　　滕州前掌大墓地 M109:10　　滕州前掌大墓地 M109:12

福建建瓯黄窠山采:01　　台州黄岩小人尖土墩墓采:8　　福建建瓯黄窠山 M3:7　　福建建瓯黄窠山 M3:2

图一三　闽浙地区与江北地区出土西周原始瓷器对比图之二

转向文化交流背后的流通路线[1]、动因、方式[2]等方面研究。

北方原始瓷是通过一种什么样的方式传到中原地区的呢？

《史记·夏本纪》："自虞、夏时，贡赋备矣。"

《左传·襄公七年》"禹会诸侯于涂山，执玉帛者万国。"

《史记·殷本纪》："自仲丁以来，废适而更立诸弟子，弟子或争相代立，比九世乱，于是诸侯莫朝。"

《诗经·商颂·殷武》："昔有成汤，自彼氐羌，莫敢不来享，莫敢不来王，曰商是常。"

《今本竹书纪年》周成王二十四年："于越来宾。"

《逸周书·王会解》载：成王二十五年，王城既成，大会诸侯及四夷，"于越纳，姑妹珍"。

《论衡·超奇篇》："白雉贡于越，畅草献于宛。"

《艺文类聚》卷七十一引《周书》云："周成王时，于越献舟。"

《尚书·顾命》："越玉五重，陈宝、赤刀、大训、弘璧、琬琰，在西序。"

可见，夏商时期，就有南方向中原王朝进贡的文献记录。西周早期，更是有于越国向西周王朝进贡白雉、献舟、献玉的记载。综合考古发现、原始瓷印纹陶出土背景及文献记载，北方出土的部分印纹硬陶和原始瓷也可能是由南方方国通过贡赋的形式，进献给中原王朝。

从上述出土西周早期原始瓷的数量和种类来看，湖北地区和洛阳地区的原始瓷的数量最多、器类最全，几乎包含了周边地区如张家坡西周墓地、大河口霸国墓地、北赵晋侯墓地及前掌大墓地出土的所有原始瓷器类。因而，我们认为，就西周时期而言，北方出土原始瓷主要来源于闽北及金衢地区，通过信江、鄱阳湖、九江、长江、汉水到达江汉平原，然后进贡给西周王朝，再由西周王朝赏赐给各分封的诸侯国，形成中央数量最多、器类最全，周边数量相对较少、器类相对单一的分布格局。

1. 向桃初：《二里头文化向南方的传播》，《考古》2011年第10期；汤毓赟：《从北方原始瓷出土情况看南北方文化交流》，《中原文物》2012年第1期；秦超超、曹峻：《试论夏商时期原始瓷的运输路线》，《南方文物》2016年第2期。

2. 汤毓赟：《从北方原始瓷出土情况看南北方文化交流》，《中原文物》2012年第1期；黎海超、耿庆刚：《黄河流域商时期印纹硬陶和原始瓷器产地研究——以郑州商城和殷墟为中心》，《江汉考古》2017年第4期；罗汝鹏：《从"象鼻盉"到原始瓷大口折肩尊——论夏商时期东南地区与中原王朝的关系》，见《闽北古陶录》，文物出版社，2017年。

目录

前言

当青铜文明闪耀于中原大地的夏商周时期，火土交融的印纹硬陶、原始瓷就像两颗耀眼的明星照耀着中国南方，它们是南中国独具特色的文化基因，是百越文明的文化纽带，共同构成中国南方地区先秦考古学文化的重要内涵，在南方先秦考古研究中占有极其重要的地位，它们既像载着我们前行车的两只轮子，又是研究南方先秦考古学文化的两把『锁匙』，帮我们启开了构建南方先秦考古年代框架、探索中国瓷器起源、研究越国礼制发展历程、探讨南北文化交流之门。

越韵悠长

⊙ 印纹硬陶、原始瓷是浙江地区先秦考古研究的重要文化遗存，其发展脉络清晰，时代特征明显。印纹硬陶经历了新石器时代末期的萌芽、夏商时期的发展成熟、西周至春秋时期的繁荣，战国时期开始衰退，秦汉以后，印纹硬陶慢慢地退出历史舞台。原始瓷是印纹硬陶的派生物，它源于夏商，经历西周到春秋时期制瓷工艺的探索发展，到战国早中期，越国国力强盛，文化繁荣，原始瓷的制作技术、工艺达到顶峰，战国中晚期，越王无疆时楚败越，越国国力衰退，原始瓷制造也走向没落。

新石器时代末期

浙江印纹陶出现较早，8000 年前的浙江萧山跨湖桥遗址开始出现，有交错绳纹、篮纹、菱格纹等纹样，并出土有陶拍、陶垫等拍印工具，但是，这种早期的拍印陶器，质地较软。经过漫长的探索发展，新石器时代末期，印纹硬陶开始烧成，在湖州钱山漾遗址、遂昌好川墓地、上海松江广富林遗址等均有发现，但印纹硬陶器类少，纹饰单一，此时为印纹硬陶的萌芽期。

好川墓地、跨湖桥遗址、钱山漾遗址、广富林遗址位置关系图

印纹硬陶高领罐

- 钱山漾文化（距今4400～4100年）
- T01 ⑦ B：11
- 2008年湖州市八里店镇潞村钱山漾遗址出土
- 口径12、残高21厘米
- 现藏浙江省文物考古研究所

（摄影：李永加）

印纹硬陶小口罐

⊙ 钱山漾文化（距今约 4400～4100 年）

⊙ 2001SGJ14：4

⊙ 2001 年上海市松江区广富林遗址出土

⊙ 口径 4、腹径 12、高 9.5 厘米

⊙ 现藏上海博物馆

（照片由黄翔提供）

印纹硬陶圈足鬶

⊙ 广富林文化（距今约 4100～3800 年）

⊙ 2010SGH1543：3

⊙ 2010 年上海市松江区广富林遗址出土

⊙ 高 18 厘米

⊙ 现藏上海博物馆

（照片由黄翔提供）

印纹硬陶圈足鬶

⊙ 广富林文化（距今约 4100～3800 年）
⊙ 2012SGH3378：3
⊙ 2012 年上海市松江区广富林遗址出土
⊙ 高 14.5 厘米
⊙ 现藏上海博物馆
（照片由黄翔提供）

印纹白陶球腹罐

⊙ 广富林文化（距今约 4100 ～ 3800 年）
⊙ 2009SGH983：3
⊙ 2009 年上海市松江区广富林遗址出土
⊙ 口径 11、高 18.3 厘米
⊙ 现藏上海博物馆

（照片由黄翔提供）

印纹白陶高领圈足罐

⊙ 广富林文化（距今约 4100 ～ 3800 年）
⊙ 2009SGH983：1
⊙ 2009 年上海市松江区广富林遗址出土
⊙ 口径 20、高 37 厘米
⊙ 现藏上海博物馆

（照片由黄翔提供）

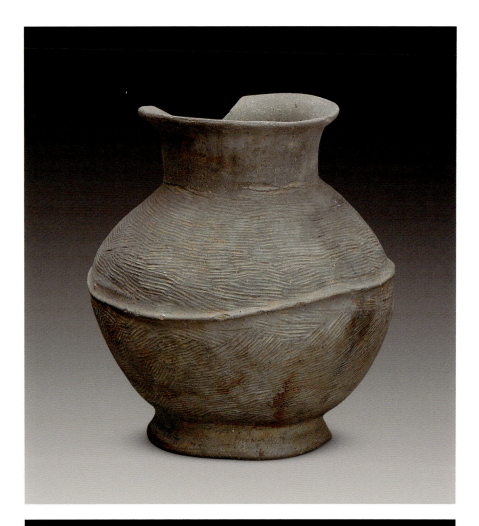

印纹硬陶圈足高领罐

- 好川文化（距今约 4300 ~ 3700 年）
- M69：1
- 1997 年丽水市遂昌县好川墓地出土
- 口径 9.8、足径 9.4、高 16.6 厘米
- 现藏遂昌县文物管理委员会办公室

（摄影：李永加）

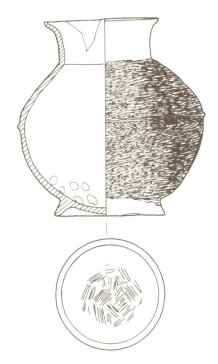

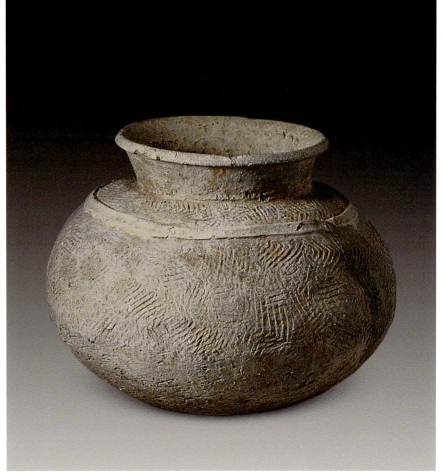

印纹硬陶圜底鼓腹高领罐

- 好川文化（距今约 4300 ~ 3700 年）
- M28：8
- 1997 年丽水市遂昌县好川墓地出土
- 口径 11、高 13.8 厘米
- 现藏浙江省文物考古研究所

（摄影：李永加）

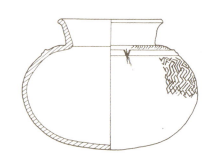

印纹硬陶圜底鼓腹高领罐

- ⊙ 好川文化（距今约 4300 ~ 3700 年）
- ⊙ M71:7
- ⊙ 1997 年丽水市遂昌县好川墓地出土
- ⊙ 口径 11.2、高 16.8 厘米
- ⊙ 现藏遂昌县文物管理委员会办公室

（摄影：李永加）

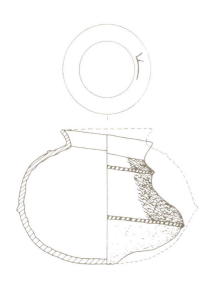

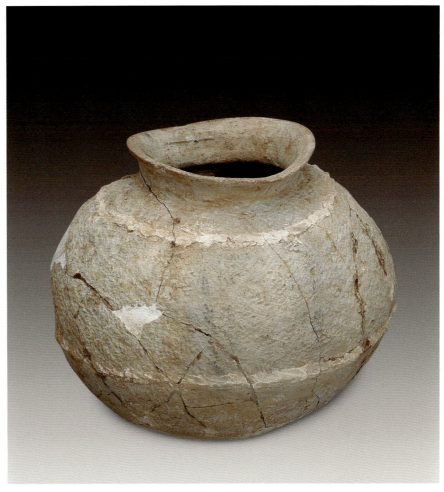

印纹硬陶圜底鼓腹高领罐

- ⊙ 好川文化（距今约 4300 ~ 3700 年）
- ⊙ M47:9
- ⊙ 1997 年丽水市遂昌县好川墓地出土
- ⊙ 口径 9.4、高 14.2 厘米
- ⊙ 现藏遂昌县文物管理委员会办公室

（摄影：李永加）

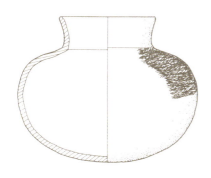

夏商时期

夏商时期是印纹陶的发展成熟期，印纹陶的器类丰富，纹饰复杂多样。根据器物形制和纹饰的差异，浙江地区印纹硬陶可分为浙东、北地区和金衢地区，分属马桥文化、商代后期遗存和肩头弄文化、营盘山期类型。

此时，原始瓷也开始出现，金衢地区出现着黑陶，有学者认为是一种"泥釉"。浙北地区出现印纹陶与原始瓷合烧的窑址，如湖州瓢山、北家山、南山窑址，原始瓷开始起源。

浙江地区夏商时期重要遗址分布图

浙东、北地区

浙东、北地区，包括宁绍平原和杭嘉湖地区，可分为相当于中原地区的夏至商代前期、商代后期两个发展阶段。

第一阶段，马桥文化遗存，印纹硬陶器类丰富，纹饰多样。器类有折沿垂腹罐、高领鼓腹罐、折沿大口鼓腹罐、鼓腹小罐、折沿盆形罐、翻沿盆、鸭形壶等，器底多为凹圜底。其中，折沿垂腹罐的口沿多见刻划符号，高领鼓腹罐肩部多有扁状系。纹饰有方格纹、条格纹、叶脉纹、菱形云雷纹、席纹、折线纹，组合纹多见。

第二阶段，商代后期文化遗存，印纹硬陶器类主要有瓮、罐等，形制为颈部较长、广肩或圆鼓肩、底腹交接处圆折、底部为圜底微凹或平底。颈部多有弦纹，器表及底部均拍印纹饰，纹饰种类较少，主要为云雷纹，纹饰浅细，有些纹饰比较凌乱。

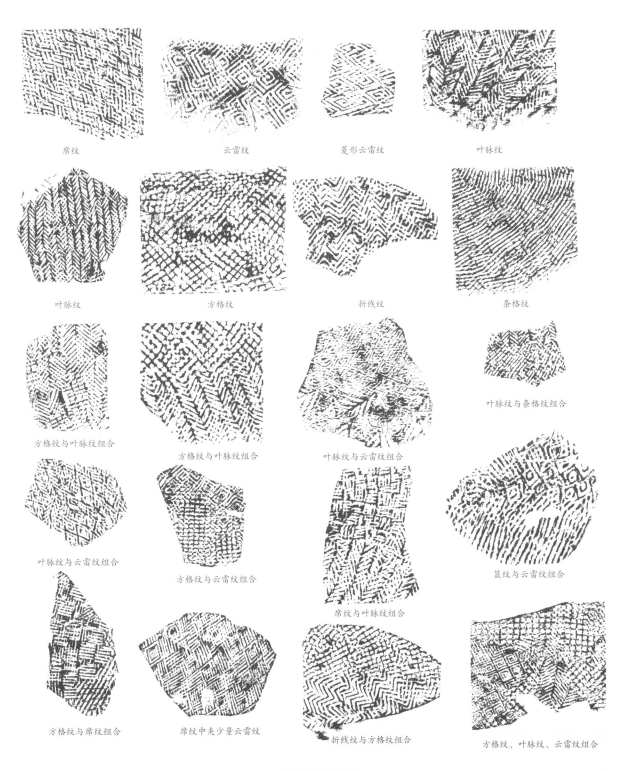

| 席纹 | 云雷纹 | 菱形云雷纹 | 叶脉纹 |

| 叶脉纹 | 方格纹 | 折线纹 | 条格纹 |

| 方格纹与叶脉纹组合 | 方格纹与叶脉纹组合 | 叶脉纹与云雷纹组合 | 叶脉纹与条格纹组合 |

| 叶脉纹与云雷纹组合 | 方格纹与云雷纹组合 | | 篮纹与云雷纹组合 |

| | | 席纹与叶脉纹组合 | |

| 方格纹与席纹组合 | 席纹中夹少量云雷纹 | 折线纹与方格纹组合 | 方格纹、叶脉纹、云雷纹组合 |

马桥文化纹饰拓片

原始瓷尊

- ⊙ 马桥文化（二里头文化二期至商代前期）
- ⊙ 219-69
- ⊙ 1976 年湖州市长兴县长兴港出土
- ⊙ 口径 14.5、足径 11.6、高 17.6 厘米
- ⊙ 现藏长兴县博物馆

（摄影：李永加）

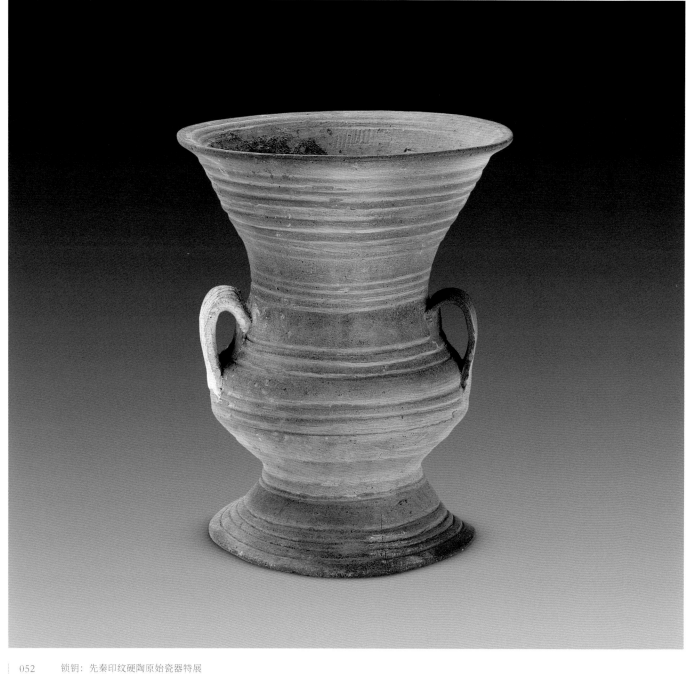

原始瓷高领鼓腹罐

- ⊙ 马桥文化（二里头文化二期至商代前期）
- ⊙ 5368-668
- ⊙ 1976 年湖州市长兴县长兴港出土
- ⊙ 口径 16.5、足径 14.3、腹径 25.7、高 25 厘米
- ⊙ 现藏长兴县博物馆

（摄影：李永加）

原始瓷高领鼓腹罐

- ⊙ 马桥文化（二里头文化二期至商代前期）
- ⊙ 1957-3-417
- ⊙ 1983 年杭州市余杭区径山镇潘板大溪出土
- ⊙ 口径 12、腹径 17、高 17.2 厘米
- ⊙ 现藏杭州市余杭区博物馆

（摄影：李永加）

原始瓷双耳罐

⊙ 马桥文化（二里头文化二期至商代前期）

⊙ H92②:6

⊙ 2004 年湖州市千金镇上石村塔地遗址出土

⊙ 口径 13.1、底径 13.2、高 13.7 厘米

⊙ 现藏浙江省文物考古研究所

（摄影：李永加）

印纹硬陶鼓腹罐

⊙ 马桥文化（二里头文化二期至商代前期）

⊙ H92 ①：3

⊙ 2004 年湖州市千金镇上石村塔地遗址出土

⊙ 口径 13.1、高 15.5 厘米

⊙ 现藏浙江省文物考古研究所

（摄影：李永加）

印纹硬陶大口罐

⊙ 马桥文化（二里头文化二期至商代前期）

⊙ H64：2

⊙ 2004 年湖州市千金镇上石村塔地遗址出土

⊙ 口径 15.2、高 11 厘米

⊙ 现藏浙江省文物考古研究所

（摄影：李永加）

印纹硬陶高领圈足鼓肩尊

⊙ 马桥文化（二里头文化二期至商代前期）

⊙ J8 ④ :7

⊙ 2005 年湖州市八里店镇潞村钱山漾遗址出土

⊙ 口径 12、高 18.2 厘米

⊙ 现藏浙江省文物考古研究所

（摄影：李永加）

印纹硬陶高领球腹罐

⊙ 马桥文化（二里头文化二期至商代前期）

⊙ H206 ① :9

⊙ 2005 年湖州市八里店镇潞村钱山漾遗址出土

⊙ 口径 16.5、高 28.2 厘米

⊙ 现藏浙江省文物考古研究所

（摄影：李永加）

印纹硬陶高领球腹罐

⊙ 马桥文化（二里头文化二期至商代前期）

⊙ H206 ②：16

⊙ 2005 年湖州市八里店镇潞村钱山漾遗址出土

⊙ 口径 13.2、高 19 厘米

⊙ 现藏浙江省文物考古研究所

（摄影：李永加）

印纹陶垂鼓腹罐

- 马桥文化（二里头文化二期至商代前期）
- H55:3
- 2005年湖州市八里店镇潞村钱山漾遗址出土
- 口径18.8、高22厘米
- 现藏浙江省文物考古研究所

（摄影：李永加）

印纹硬陶卷沿鼓腹罐

- 马桥文化（二里头文化二期至商代前期）
- H193②:7
- 2005年湖州市八里店镇潞村钱山漾遗址出土
- 口径11、高13厘米
- 现藏浙江省文物考古研究所

（摄影：李永加）

印纹硬陶高领鼓腹罐

- ⊙ 马桥文化（二里头文化二期至商代前期）
- ⊙ H56②：16
- ⊙ 2005 年湖州市八里店镇潞村钱山漾遗址出土
- ⊙ 口径 13、高 21.8 厘米
- ⊙ 现藏浙江省文物考古研究所

（摄影：李永加）

印纹硬陶高领鼓腹罐

⊙ 马桥文化（二里头文化二期至商代前期）

⊙ H193 ② :11

⊙ 2005 年湖州市八里店镇潞村钱山漾遗址出土

⊙ 口径 11.5、高 15.8 厘米

⊙ 现藏浙江省文物考古研究所

（摄影：李永加）

印纹硬陶高领鼓腹罐

⊙ 马桥文化（二里头文化二期至商代前期）

⊙ H206 ② :12

⊙ 2005 年湖州市八里店镇潞村钱山漾遗址出土

⊙ 口径 11.4、高 13.6 厘米

⊙ 现藏浙江省文物考古研究所

（摄影：李永加）

印纹硬陶鼓腹罐

⊙ 马桥文化（二里头文化二期至商代前期）

⊙ H107：16

⊙ 2005 年湖州市八里店镇潞村钱山漾遗址出土

⊙ 口径 22.2、高 23 厘米

⊙ 现藏浙江省文物考古研究所

（摄影：李永加）

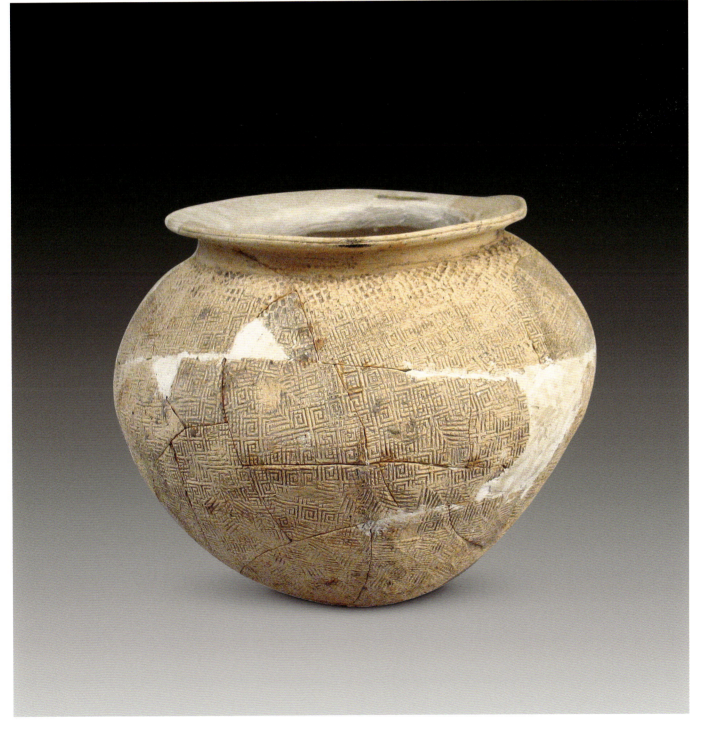

印纹硬陶鼓腹罐

⊙ 马桥文化（二里头文化二期至商代前期）

⊙ G1⑤：270

⊙ 2004年湖州市八里店镇毘山村毘山遗址出土

⊙ 口径18.6、高30.2～31厘米

⊙ 现藏湖州市文物保护管理所

（摄影：李永加）

印纹硬陶鼓腹罐

- ⊙ 马桥文化（二里头文化二期至商代前期）
- ⊙ H177：5
- ⊙ 2005 年湖州市八里店镇潞村钱山漾遗址出土
- ⊙ 口径 12.5、高 16.8 厘米
- ⊙ 现藏浙江省文物考古研究所

（摄影：李永加）

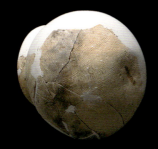

印纹硬陶大口弧腹罐

- ⊙ 马桥文化（二里头文化二期至商代前期）
- ⊙ H209 ① ：7
- ⊙ 2005 年湖州市八里店镇潞村钱山漾遗址出土
- ⊙ 口径 13.8、高 12.4 ～ 13.2 厘米
- ⊙ 现藏浙江省文物考古研究所

（摄影：李永加）

印纹硬陶大口弧腹罐

⊙ 马桥文化（二里头文化二期至商代前期）

⊙ H193①：10

⊙ 2005 年湖州市八里店镇潞村钱山漾遗址出土

⊙ 口径 12.4、高 11 厘米

⊙ 现藏浙江省文物考古研究所

（摄影：李永加）

印纹硬陶大口弧腹罐

⊙ 马桥文化（二里头文化二期至商代前期）

⊙ H77：2

⊙ 2005 年湖州市八里店镇潞村钱山漾遗址出土

⊙ 口径 14.4、残高 9.8 ～ 11 厘米

⊙ 现藏浙江省文物考古研究所

（摄影：李永加）

印纹硬陶大口垂腹罐

⊙ 马桥文化（二里头文化二期至商代前期）

⊙ H193②：9

⊙ 2005 年湖州市八里店镇潞村钱山漾遗址出土

⊙ 口径 14、高 11.6～12.6 厘米

⊙ 现藏浙江省文物考古研究所

（摄影：李永加）

印纹硬陶大口垂腹罐

⊙ 马桥文化（二里头文化二期至商代前期）

⊙ H202：1

⊙ 2005 年湖州市八里店镇潞村钱山漾遗址出土

⊙ 口径 18.6、高 13.4 厘米

⊙ 现藏浙江省文物考古研究所

（摄影：李永加）

印纹硬陶鼓肩罐

- 马桥文化（二里头文化二期至商代前期）
- H89：30
- 2005 年湖州市八里店镇潞村钱山漾遗址出土
- 口径 29.6、高 32 厘米
- 现藏浙江省文物考古研究所

（摄影：李永如）

印纹硬陶高领鼓腹罐

⊙ 马桥文化（二里头文化二期至商代前期）

⊙ H11∶9

⊙ 2004 年湖州市八里店镇毘山村毘山遗址出土

⊙ 口径 17.8、高 12 ～ 12.5 厘米

⊙ 现藏湖州市文物保护管理所

（摄影：李永如）

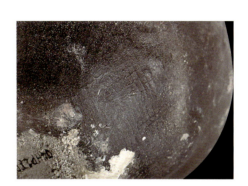

印纹硬陶高领鼓腹罐

⊙ 马桥文化（二里头文化二期至商代前期）

⊙ G1 ⑤ ∶20

⊙ 2004 年湖州市八里店镇毘山村毘山遗址出土

⊙ 口径 10.9 ～ 11.6、高 14.5 ～ 15.2 厘米

⊙ 现藏湖州市文物保护管理所

（摄影：李永如）

印纹硬陶高领鼓腹罐

⊙ 马桥文化（二里头文化二期至商代前期）

⊙ H11：9

⊙ 2004 年湖州市八里店镇昆山村昆山遗址出土

⊙ 口径 17.8、高 12～12.5 厘米

⊙ 现藏湖州市文物保护管理所

（摄影：李永加）

印纹硬陶鸭形壶

⊙ 马桥文化（二里头文化二期至商代前期）

⊙ G1 ③ :314

⊙ 2004 年湖州市八里店镇昆山村昆山遗址出土

⊙ 口径 10、高 10.4 厘米

⊙ 现藏湖州市文物保护管理所

（摄影：李永加）

印纹硬陶鸭形壶

⊙ 马桥文化（二里头文化二期至商代前期）

⊙ G1 ③：1

⊙ 2004 年湖州市八里店镇毘山村毘山遗址出土

⊙ 口径 9.8、底径 5 ～ 6、高 10.7 厘米

⊙ 现藏湖州市文物保护管理所

（摄影：李永如）

印纹硬陶鸭形壶

⊙ 马桥文化（二里头文化二期至商代前期）

⊙ G1③:9

⊙ 2004 年湖州市八里店镇毕山村毕山遗址出土

⊙ 底径 6～7、残高 11.4 厘米

⊙ 现藏湖州市文物保护管理所

（摄影：李永加）

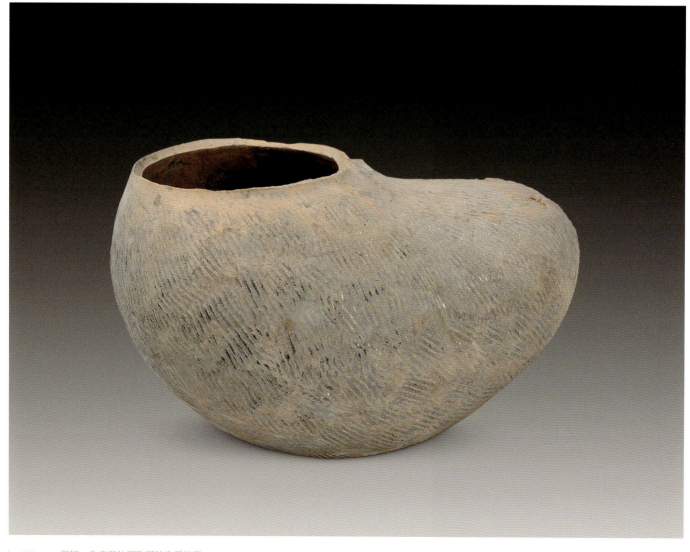

硬陶豆

- 马桥文化（二里头文化二期至商代前期）
- G1④:4
- 2004年湖州市八里店镇毗山村毗山遗址出土
- 口径17.5、足径10.5、高15.1厘米
- 现藏湖州市文物保护管理所

（摄影：李永加）

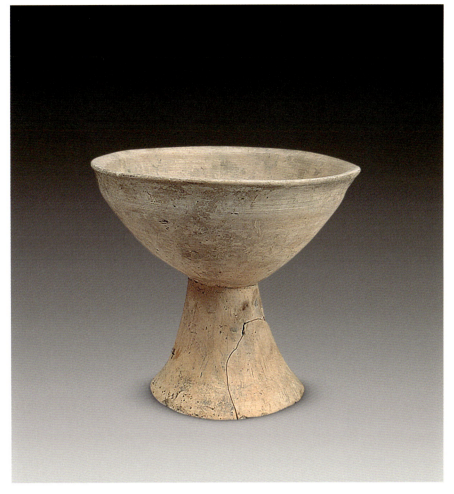

硬陶豆

- 马桥文化（二里头文化二期至商代前期）
- 05CJH15:3
- 2005年湖州市长兴县江家山遗址出土
- 口径18、足径10.5、高10.5厘米
- 现藏浙江省文物考古研究所

（摄影：李永加）

印纹硬陶高领鼓腹罐

⊙ 马桥文化（二里头文化二期至商代前期）

⊙ 348-120

⊙ 1976 年湖州市长兴县长兴港出土

⊙ 口径 16、腹径 27.3、高 26.4 厘米

⊙ 现藏长兴县博物馆

（摄影：李永加）

印纹硬陶球腹罐

⊙ 马桥文化（二里头文化二期至商代前期）

⊙ 5366-666

⊙ 1976 年湖州市长兴县长兴港出土

⊙ 口径 13.4、腹径 19.8、高 15.6 厘米

⊙ 现藏长兴县博物馆

（摄影：李永加）

印纹硬陶单把罐

⊙ 马桥文化（二里头文化二期至商代前期）

⊙ 293-64

⊙ 1976 年湖州市长兴县长兴港出土

⊙ 口径 10.2、腹径 14、高 13 厘米

⊙ 现藏长兴县博物馆

（摄影：李永加）

印纹硬陶甗

⊙ 马桥文化（二里头文化二期至商代前期）

⊙ 235-6

⊙ 1976 年湖州市长兴县长兴港出土

⊙ 口径 12.6、腹径 11.8、高 10.2 厘米

⊙ 现藏长兴县博物馆

（摄影：李永加）

印纹硬陶鼓腹罐

⊙ 马桥文化（二里头文化二期至商代前期）

⊙ 5403-703

⊙ 2003 年湖州市长兴县第一中学建设银行建筑工地
　木水井出土

⊙ 口径 12.7、腹径 17.2、高 14.2 厘米

⊙ 现藏长兴县博物馆

（摄影：李永加）

印纹硬陶鼓腹罐

- ⊙ 马桥文化（二里头文化二期至商代前期）
- ⊙ 5396-696
- ⊙ 2003 年湖州市长兴县第一中学建设银行建筑工地木水井出土
- ⊙ 口径 12.5、腹径 18.6、高 14.2 厘米
- ⊙ 现藏长兴县博物馆

（摄影：李永加）

印纹硬陶双耳球腹罐

- ⊙ 马桥文化（二里头文化二期至商代前期）
- ⊙ 5398-698
- ⊙ 2003 年湖州市长兴县第一中学建设银行建筑工地木水井出土
- ⊙ 口径 13.6、腹径 17.4、高 13.5 厘米
- ⊙ 现藏长兴县博物馆

（摄影：李永加）

印纹硬陶双耳鼓肩罐

- 马桥文化（二里头文化二期至商代前期）
- 4589-490
- 2003 年湖州市长兴县第一中学建设银行建筑工地木水井出土
- 口径 14.4、腹径 20.6、高 14 厘米
- 现藏长兴县博物馆

（摄影：李永加）

印纹硬陶鼓腹罐

- 马桥文化（二里头文化二期至商代前期）
- 1631-224
- 湖州市长兴县出土
- 口径 14.7、腹径 20.7、高 14.9 厘米
- 现藏长兴县博物馆

（摄影：李永加）

印纹硬陶碾钵

- ⊙ 马桥文化（二里头文化二期至商代前期）
- ⊙ 3792–395
- ⊙ 湖州市长兴县台基山遗址出土
- ⊙ 口径 22.3、腹径 21.7、高 16 厘米
- ⊙ 现藏长兴县博物馆

（摄影：李永加）

印纹硬陶钵

- ⊙ 马桥文化（二里头文化二期至商代前期）
- ⊙ 3680-3-853
- ⊙ 1991 年杭州市余杭区径山镇潘板照湖墩村出土
- ⊙ 口径 15.2、腹径 16.8、高 8.1 厘米
- ⊙ 现藏杭州市余杭区博物馆

（摄影：李永加）

印纹硬陶高领垂腹罐

- ⊙ 马桥文化（二里头文化二期至商代前期）
- ⊙ 3679-3-852
- ⊙ 1991年杭州市余杭区径山镇潘板照湖墩村出土
- ⊙ 口径12、腹径17、高17.2厘米
- ⊙ 现藏杭州市余杭区博物馆

（摄影：李永加）

印纹硬陶高领鼓肩罐

- ⊙ 马桥文化（二里头文化二期至商代前期）
- ⊙ 1471-3-301
- ⊙ 杭州市余杭区径山镇小古城出土
- ⊙ 口径11.7、腹径17、高16厘米
- ⊙ 现藏杭州市余杭区博物馆

（摄影：李永加）

印纹硬陶垂腹罐

⊙ 马桥文化（二里头文化二期至商代前期）

⊙ 1901-3-406

⊙ 1983 年杭州市余杭区径山镇潘板段家堰出土

⊙ 口径 17、腹径 29、高 26.5 厘米

⊙ 现藏杭州市余杭区博物馆

（摄影：李永加）

印纹硬陶折肩折腹罐

- ⊙ 马桥文化（二里头文化二期至商代前期）
- ⊙ 245-3-013
- ⊙ 1981 年杭州市余杭区径山镇潘板俞家堰出土
- ⊙ 口径 10.7、腹径 12.5、高 10.8 厘米
- ⊙ 现藏杭州市余杭区博物馆

（摄影：李永加）

印纹硬陶提梁壶

- ⊙ 马桥文化（二里头文化二期至商代前期）
- ⊙ 0247-3-015
- ⊙ 1976 年杭州市余杭区长命村出土
- ⊙ 口径 10.2、腹径 16.7、高 18.5 厘米
- ⊙ 现藏杭州市余杭区博物馆

（摄影：李永加）

印纹硬陶单把罐形匜

- 马桥文化（二里头文化二期至商代前期）
- 1478-3-302
- 1980 年杭州市余杭区径山镇潘板大溪出土
- 口径 9～9.5、腹径 12.5、高 12 厘米
- 现藏杭州市余杭区博物馆

（摄影：李永加）

印纹硬陶鸭形壶

- 马桥文化（二里头文化二期至商代前期）
- 243-3-011
- 1978 年杭州市余杭区瓶窑镇北湖知青农场
  出土
- 口径 9.6、腹径 6.5～15、高 11.4 厘米
- 现藏杭州市余杭区博物馆

（摄影：李永加）

原始瓷豆

- ⊙ 商代后期
- ⊙ HPC：119
- ⊙ 2004 年湖州市八里店镇昆山村昆山遗址采集
- ⊙ 口径 17.8、足径 9.7、高 8～12 厘米
- ⊙ 现藏湖州市文物保护管理所

（摄影：李永加）

原始瓷豆

- ⊙ 商代后期
- ⊙ D1M9：1
- ⊙ 1992 年余姚市老虎山 D1M9 出土
- ⊙ 口径 13、足径 9、高 7.6 厘米
- ⊙ 现藏浙江省文物考古研究所

（摄影：李永加）

原始瓷豆

- 商代后期
- D13：01
- 2010 年湖州市德清县小紫山 D13 出土
- 口径 14.8、足径 10、高 10 厘米
- 现藏浙江省文物考古研究所

（摄影：李永如）

原始瓷簋

- 商代后期
- D6 填土：01
- 2010 年湖州市德清县小紫山 D6 出土
- 口径 10、足径 7.5、高 7.5 厘米
- 现藏浙江省文物考古研究所

（摄影：李永如）

原始瓷鸭形壶

⊙ 商代后期

⊙ 246-3-014

⊙ 1979 年杭州市余杭区径山镇潘板俞家堰出土

⊙ 口径 7.6、高 9.5 厘米

⊙ 现藏杭州市余杭区博物馆

（摄影：李永加）

原始瓷罐

- 商代后期
- D4M10:1
- 2010 年湖州市德清县小紫山 D4M10 出土
- 口径 10、底径 7、高 7.8 厘米
- 现藏浙江省文物考古研究所

（摄影：李永加）

原始瓷罐

- 商代后期
- D4M10:2
- 2010 年湖州市德清县小紫山 D4M10 出土
- 口径 9.1、底径 5.5、高 6.3 厘米
- 现藏浙江省文物考古研究所

（摄影：李永加）

印纹硬陶敛口罐

⊙ 商代后期

⊙ D8M4∶2

⊙ 2010 年湖州市德清县小紫山 D8M4 出土

⊙ 口径 9～10.4、底径 7～9、高 11～13 厘米

⊙ 现藏浙江省文物考古研究所

（摄影：李永加）

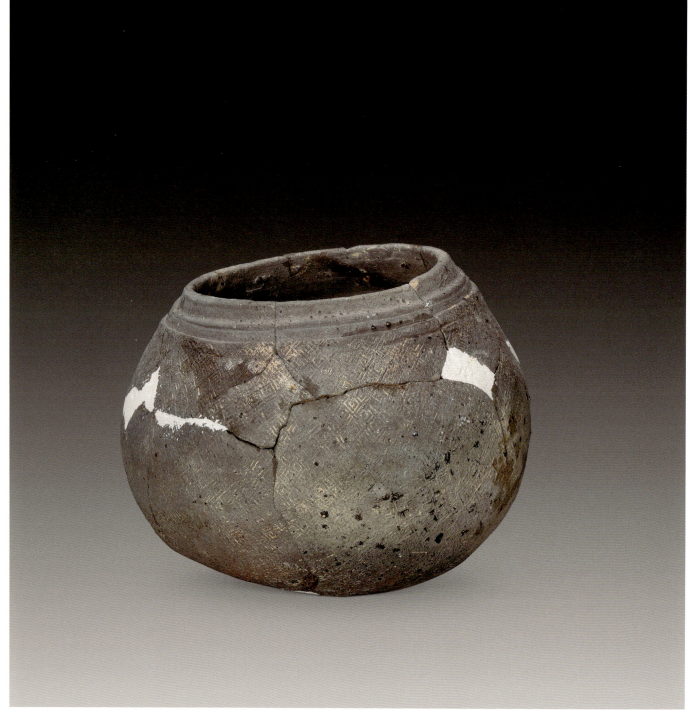

印纹硬陶高领广肩罐

⊙ 商代后期

⊙ D8M4：1

⊙ 2010 年湖州市德清县小紫山 D8M4 出土

⊙ 口径 17、底径 18.5、高 34 厘米

⊙ 现藏浙江省文物考古研究所

（摄影：李永加）

印纹硬陶高领圆肩罐

⊙ 商代后期

⊙ K1∶1

⊙ 2004 年湖州市八里店镇毘山村毘山遗址出土

⊙ 口径 17.8 ～ 18、高 30 厘米

⊙ 现藏湖州市文物保护管理所

（摄影：李永加）

印纹硬陶圈足鸭形壶

⊙ 商代后期

⊙ G1 ⑤ :4

⊙ 2004 年湖州市八里店镇昆山村昆山遗址
   出土

⊙ 口径 8、足径 4.3 ~ 4.7、高 9.4 厘米

⊙ 现藏湖州市文物保护管理所

（摄影：李永加）

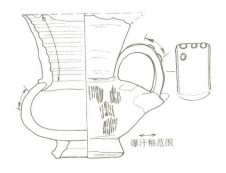

爆汗釉范围

印纹硬陶三足盘

⊙ 商代后期

⊙ 2048-3-425

⊙ 1984 年杭州市余杭区径山镇潘板俞家堰出土

⊙ 口径 34.7、高 14.5 厘米

⊙ 现藏杭州市余杭区博物馆

（摄影：李永加）

印纹硬陶鼓肩罐

⊙ 商末周初

⊙ 291-62

⊙ 1976 年湖州市长兴县长兴港出土

⊙ 口径 13.6、腹径 21.1、高 18 厘米

⊙ 现藏长兴县博物馆

（摄影：李永加）

印纹硬陶高领鼓腹罐

⊙ 商末周初

⊙ D22M1：1

⊙ 2011 年杭州市萧山区柴岭山 D22M1 出土

⊙ 口径 14.8、腹径 23.6、高 22.8 厘米

⊙ 现藏杭州市萧山区博物馆

（摄影：李永加）

印纹硬陶高领球腹罐

- ⊙ 商末周初
- ⊙ D18M3：1
- ⊙ 1984 年嘉兴市海宁市夹山 D18M3 出土
- ⊙ 口径 14、腹径 25.2、高 23.7 厘米
- ⊙ 现藏浙江省文物考古研究所

（摄影：李永加）

印纹硬陶高领圆肩罐

⊙ 商末周初

⊙ D2：26

⊙ 1984 年嘉兴市海宁市夹山 D2 出土

⊙ 口径 22、底径 17.3、腹径 35.9、高 33.5 厘米

⊙ 现藏浙江省文物考古研究所

（摄影：李永加）

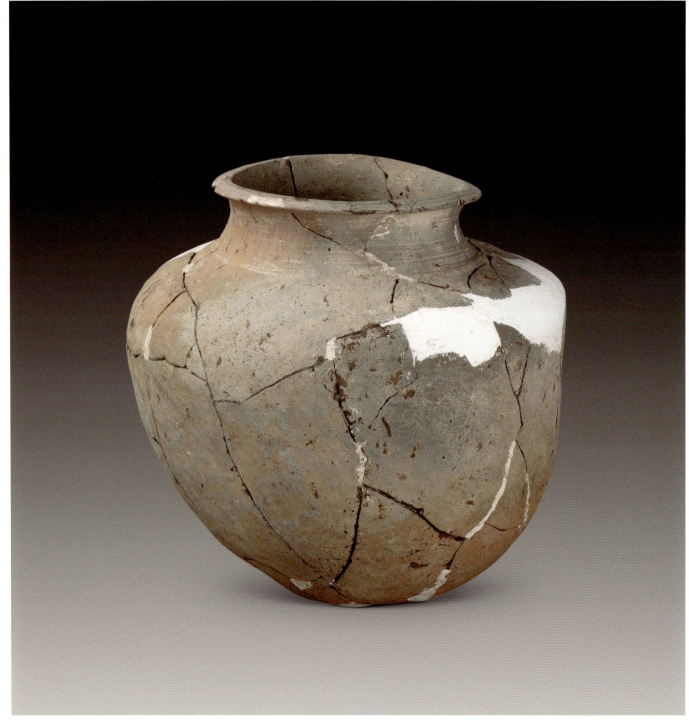

印纹硬陶高领圆肩罐

- ⊙ 商末周初
- ⊙ D2：23
- ⊙ 1984 年嘉兴市海宁市夹山 D2 出土
- ⊙ 口径 22.6、底径 14.5、腹径 38.8、高 37.7 厘米
- ⊙ 现藏浙江省文物考古研究所

（摄影：李永加）

夏商时期窑址

浙北地区的东苕溪流域是夏商原始瓷窑址的重要分布区，为探索原始瓷器的起源，2009 年至 2014 年，对该区域先秦原始瓷窑址进行了系统调查，确定先秦窑址 150 多处，分为德清龙山窑址群与湖州青山窑址群。发现规模最大的商代原始瓷窑址群，可分为水洞坞、南山、尼姑山三个类型。对湖州瓢山、南山、北家山和德清尼姑山等窑址进行了考古发掘，初步厘清了东苕溪流域先秦时期原始瓷窑址分布与技术特征。

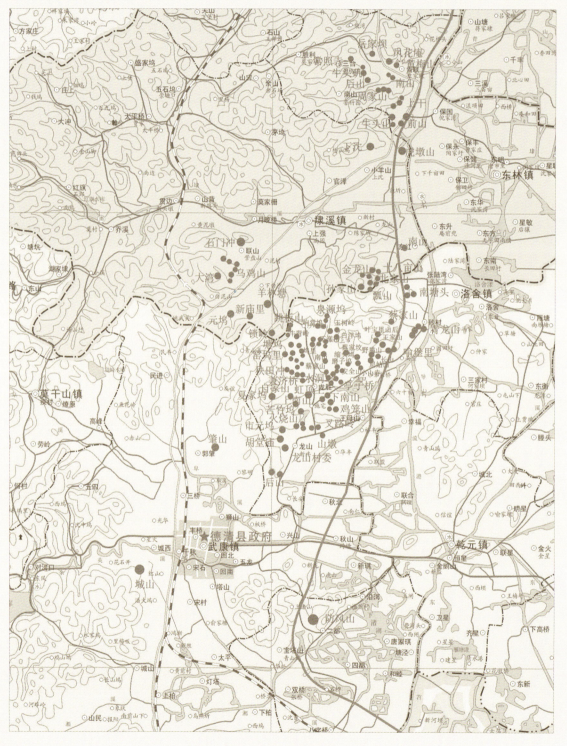

东苕溪流域先秦原始瓷窑址分布图

瓢山窑址原始瓷胎与印纹硬陶胎基本一致，以灰黑色胎为主，釉呈酱褐色或黑褐色，一般只在罐类器的肩部与口沿局部有釉。年代为夏商时期。该窑址的发掘为"瓷之源"研究的突破提供了关键线索。

原始瓷豆

⊙ 夏商时期
⊙ IITG4 ⑦ :19
⊙ 2011 年湖州市吴兴区埭溪镇东红村瓢山窑址出土
⊙ 口径 15.3、足径 15.1、高 9.3 ~ 12.1 厘米
⊙ 现藏浙江省文物考古研究所
（摄影：李永加）

原始瓷罐

⊙ 夏商时期
⊙ IITG4 ⑤ :9
⊙ 2011 年湖州市吴兴区埭溪镇东红村瓢山窑址出土
⊙ 口径 12、残高 3.6 厘米
⊙ 现藏浙江省文物考古研究所
（摄影：李永加）

原始瓷盆（钵）

⊙ 夏商时期

⊙ IITG4 ⑥ :1

⊙ 2011 年湖州市吴兴区埭溪镇东红村瓢山窑址出土

⊙ 口径 12.9、底径 6、高 3.6 厘米

⊙ 现藏浙江省文物考古研究所

（摄影：李永加）

印纹硬陶罐

⊙ 夏商时期

⊙ IITG4 ⑤ :5

⊙ 2011 年湖州市吴兴区埭溪镇东红村瓢山窑址出土

⊙ 口径 12.3、高 6.9 厘米

⊙ 现藏浙江省文物考古研究所

（摄影：李永加）

印纹硬陶罐

⊙ 夏商时期

⊙ IITG4③:10

⊙ 2011 年湖州市吴兴区埭溪镇东红村瓢山窑址出土

⊙ 口径 16.5、高 9 厘米

⊙ 现藏浙江省文物考古研究所

（摄影：李永加）

印纹硬陶罐

南山窑址的胎质较细腻，火候高，釉层较薄，釉一般施于豆类大口器物的内腹部与罐类小口器物的肩部，也有通体施釉的，但是，釉还显得很不稳定、成熟，除少量器物如豆的内腹施满釉，釉色青翠、釉层厚、玻璃质感强以外，大多数器物釉层薄、施釉不匀、玻璃质感不强、呈土黄色的细薄点状，且一般仅在朝向火膛的一侧有釉，有釉与无釉处逐渐过渡，不见施釉线。主要产品有罐、豆，演变序列比较清晰，时代从夏商之际延续到商代后期。该窑址窑炉遗迹完整，产品堆积丰厚，地层关系清晰，产品种类丰富，对探索中国瓷器的起源、原始瓷生产技术、建立商代原始瓷编年等具有重要意义。

原始瓷豆

- ⊙ 商代前期
- ⊙ IT302⑥ :2
- ⊙ 2010 年湖州市东林镇南山村南山窑址出土
- ⊙ 口径 19、足径 8.5、高 13 厘米
- ⊙ 现藏浙江省文物考古研究所

（摄影：李永加）

原始瓷豆

- ⊙ 商代前期
- ⊙ IT302⑥ :1
- ⊙ 2010 年湖州市东林镇南山村南山窑址出土
- ⊙ 口径 21、足径 8.2、高 11 厘米
- ⊙ 现藏浙江省文物考古研究所

（摄影：李永加）

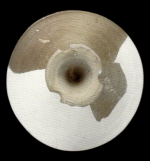

原始瓷豆

⊙ 商代前期

⊙ IT302⑤:35

⊙ 2010年湖州市东林镇南山村南山窑址出土

⊙ 口径21、足径14.8、高13厘米

⊙ 现藏浙江省文物考古研究所

（摄影：李永加）

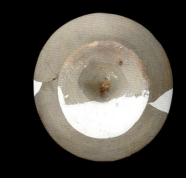

原始瓷豆

⊙ 商代后期

⊙ IT404②:19

⊙ 2010年湖州市东林镇南山村南山窑址出土

⊙ 口径12、足径8、高9.2厘米

⊙ 现藏浙江省文物考古研究所

（摄影：李永加）

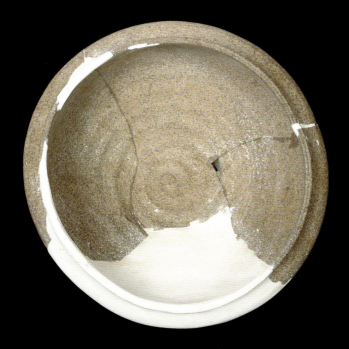

原始瓷豆

⊙ 商代后期

⊙ IT402⑧ : 4

⊙ 2010年湖州市东林镇南山村南山窑址出土

⊙ 口径 13 ~ 16、足径 10、高 4.5 ~ 9 厘米

⊙ 现藏浙江省文物考古研究所

（摄影：李永加）

原始瓷豆

⊙ 商代后期

⊙ IT402 ⑩：8

⊙ 2010 年湖州市东林镇南山村南山窑址出土

⊙ 口径 5.3、足径 3.4、高 2.8 厘米

⊙ 现藏浙江省文物考古研究所

（摄影：李永加）

原始瓷豆

⊙ 商代后期

⊙ IT202 ② ：21

⊙ 2010 年湖州市东林镇南山村南山窑址出土

⊙ 口径 14 ~ 17、足径 8.4、高 8.5 ~ 10.5 厘米

⊙ 现藏浙江省文物考古研究所

（摄影：李永加）

原始瓷盂

- ⊙ 商代后期
- ⊙ IT202 ② :56
- ⊙ 2010 年湖州市东林镇南山村南山窑址出土
- ⊙ 口径 10.5、底径 4、腹径 14.5、高 6.5 厘米
- ⊙ 现藏浙江省文物考古研究所

（摄影：李永加）

原始瓷罐

- ⊙ 商代后期
- ⊙ IT402 ⑧ :24
- ⊙ 2010 年湖州市东林镇南山村南山窑址出土
- ⊙ 口径 11.5、底径 4、高 5.5 ~ 6 厘米
- ⊙ 现藏浙江省文物考古研究所

（摄影：李永加）

原始瓷罐

⊙ 商代后期

⊙ IT404 ① :1

⊙ 2010 年湖州市东林镇南山村南山窑址出土

⊙ 口径 10.7、底径 6.3、高 9.2 厘米

⊙ 现藏浙江省文物考古研究所

（摄影：李永加）

原始瓷罐

⊙ 商代后期

⊙ IT303 ② b:9

⊙ 2010 年湖州市东林镇南山村南山窑址出土

⊙ 口径 12、底径 8.5、高 5.5 ~ 8.5 厘米

⊙ 现藏浙江省文物考古研究所

（摄影：李永加）

原始瓷罐

⊙ 商代后期

⊙ IT303 ② a：5

⊙ 2010 年湖州市东林镇南山村南山窑址出土

⊙ 口径 10.8、底径 6、高 8.1 厘米

⊙ 现藏浙江省文物考古研究所

（摄影：李永加）

原始瓷罐

⊙ 商代后期

⊙ IT402 ⑨：7

⊙ 2010 年湖州市东林镇南山村南山窑址出土

⊙ 口径 11.7、底径 5.4、高 8.7 厘米

⊙ 现藏浙江省文物考古研究所

（摄影：李永加）

印纹硬陶罐

⊙ 商代后期

⊙ IT402 ⑧：18

⊙ 2010 年湖州市东林镇南山村南山窑址出土

⊙ 口径 13.2、底径 7.5、高 15 厘米

⊙ 现藏浙江省文物考古研究所

（摄影：李永加）

金衢地区

金衢地区位于浙江西部，根据器物形制和纹饰，可分为夏至商代前期、商代后期两个阶段，分属两个文化类型。

第一阶段为肩头弄文化，包括肩头弄一、二、三单元，对应文化分期的一、二、三期。器类主要有高领罐、折腹罐、单把匜形罐、折肩罐、折沿深垂腹罐、折肩折腹罐、大口罐、长流平底盉、盆等，底部有平底和凹底两种，着黑陶较多。纹饰主要有条纹、斜向相交席纹、方格纹、斜方格填线纹、菱形云雷纹、回字加 X 纹等。

第二阶段为营盘山期类型，主要遗存有肩头弄第四单元、2014 年发掘的龙游商代墓葬。印纹硬陶主要有球腹瓮、球腹罐、高领广肩圈足罐、敛口罐、单把杯，另外还有硬陶敛口罐、钵、高足豆等。印纹硬陶流行圆肩、球腹、圜底或微凹作风。纹饰主要有直角相交的席纹，单元较小，线条浅细，布局模糊杂乱，器表及底部满拍纹饰。

席纹（斜角相交）　　　　席纹（斜角相交）　　　　席纹（直角相交）

篮纹　　　　　　　　大方格填线纹　　　　　　云雷纹

菱形方格纹　　　　　　　方格纹　　　　　　回字加 X 纹

肩头弄文化纹饰拓片

着黑陶

此种器物器表内外着染浓淡不一、相当稀薄的黑色
涂层，局部黑层较厚，经高温后，黑层收缩，呈蚯
蚓纹。有学者认为是一种"泥釉"。浙西、南的衢州、
温州以及相邻的福建北部地区有广泛分布。

着黑陶折肩尊

⊙ 肩头弄文化（夏商时期）

⊙ 江肩（二）2∶5

⊙ 衢州市江山市峡口镇肩头弄出土

⊙ 口径 29、底径 18.2、腹径 30、高 44 厘米

⊙ 现藏江山市博物馆

（摄影：李永加）

着黑陶折肩尊

⊙ 肩头弄文化（夏商时期）

⊙ 江肩（二）2:6

⊙ 衢州市江山市峡口镇肩头弄出土

⊙ 口径 24.5、底径 14、腹径 34、高 42.1 厘米

⊙ 现藏江山市博物馆

（摄影：李永加）

着黑陶折肩尊

⊙ 肩头弄文化（夏商时期）
⊙ 江肩（二）2:4
⊙ 衢州市江山市峡口镇肩头弄出土
⊙ 口径24、底径15.5、腹径33、高43厘米
⊙ 现藏江山市博物馆

（摄影：李永加）

着黑陶折肩深腹罐

⊙ 肩头弄文化（夏商时期）

⊙ 江肩（二）2:8

⊙ 衢州市江山市峡口镇肩头弄出土

⊙ 口径 16.9、底径 10.5、腹径 19.2、高 32 厘米

⊙ 现藏江山市博物馆

（摄影：李永如）

着黑陶深腹罐

⊙ 肩头弄文化（夏商时期）
⊙ 江肩（一）1：2
⊙ 衢州市江山市峡口镇肩头弄出土
⊙ 口径 9.6、腹径 13.2、高 15 厘米
⊙ 现藏江山市博物馆

（摄影：李永加）

着黑陶深腹罐

⊙ 肩头弄文化（夏商时期）

⊙ 江肩（三）4:8

⊙ 衢州市江山市峡口镇肩头弄出土

⊙ 口径16、底径9、腹径15.4、高12.5厘米

⊙ 现藏江山市博物馆

（摄影：李永加）

着黑陶直领扁折腹罐

⊙ 肩头弄文化（夏商时期）

⊙ 江肩（四）1:4

⊙ 衢州市江山市峡口镇肩头弄出土

⊙ 口径8.4、腹径18、高9.7厘米

⊙ 现藏江山市博物馆

（摄影：李永加）

着黑陶单把罐形匜

⊙ 肩头弄文化（夏商时期）

⊙ 江肩（三）4:3

⊙ 衢州市江山市峡口镇肩头弄出土

⊙ 口径 12.3、高 13.1 厘米

⊙ 现藏江山市博物馆

（摄影：李永加）

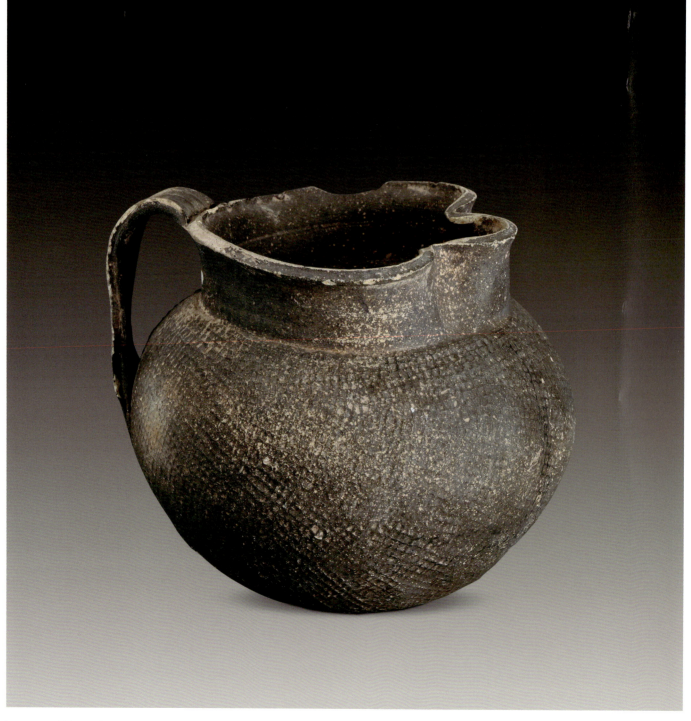

着黑陶单把罐形匜

- 肩头弄文化（夏商时期）
- 江肩（三）4∶8
- 衢州市江山市峡口镇肩头弄出土
- 口径16、底径9、腹径15.4、高12.5厘米
- 现藏江山市博物馆

（摄影：李永加）

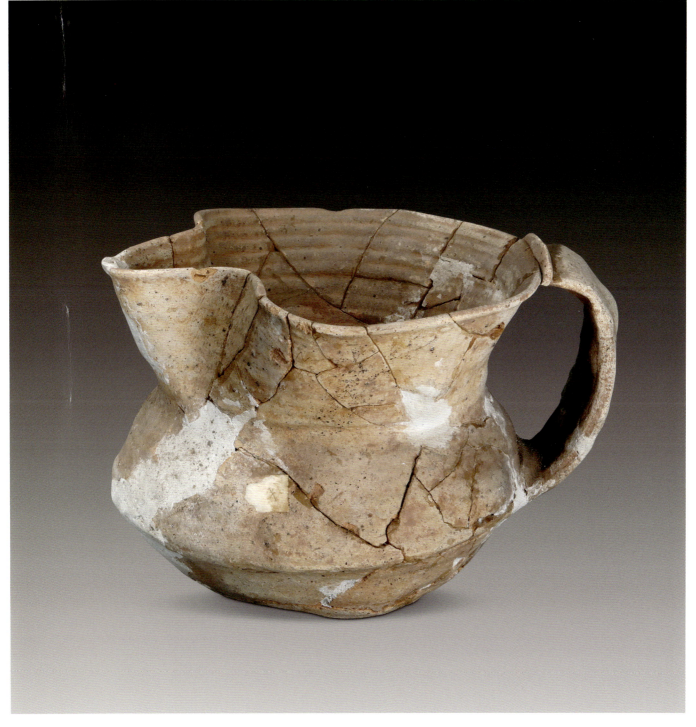

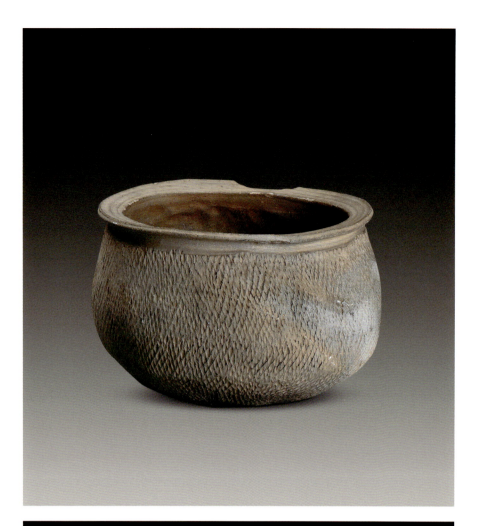

印纹硬陶大口折沿罐

⊙ 肩头弄文化（夏商时期）
⊙ 江肩（三）4:9
⊙ 衢州市江山市峡口镇肩头弄出土
⊙ 口径 15、腹径 15.6、高 10 厘米
⊙ 现藏江山市博物馆
（摄影：李永加）

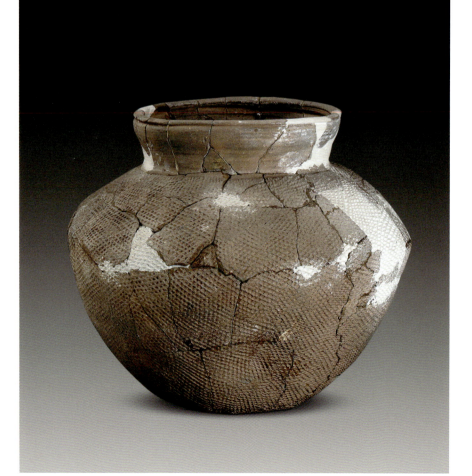

印纹硬陶直领圆肩罐

⊙ 肩头弄文化（夏商时期）
⊙ 江肩（三）2:1
⊙ 衢州市江山市峡口镇肩头弄出土
⊙ 口径 15.6、腹径 25.6、高 21 厘米
⊙ 现藏江山市博物馆
（摄影：李永加）

印纹硬陶直领折肩罐

⊙ 肩头弄文化（夏商时期）
⊙ 江肩（二）4:2
⊙ 衢州市江山市峡口镇肩头弄出土
⊙ 口径 22.2、腹径 34、高 25 厘米
⊙ 现藏江山市博物馆

（摄影：李永加）

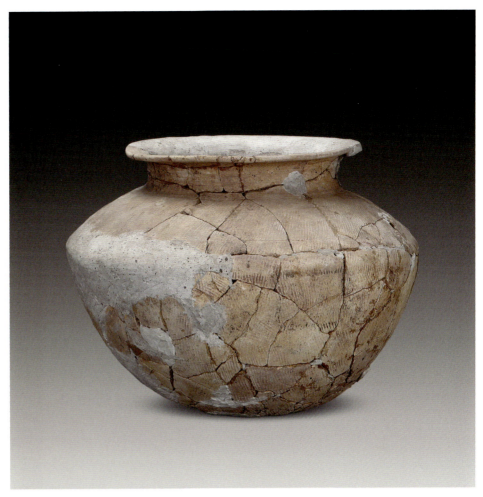

印纹硬陶直领折肩罐

⊙ 肩头弄文化（夏商时期）
⊙ 江肩（三）1:1
⊙ 衢州市江山市峡口镇肩头弄出土
⊙ 口径 19.5、腹径 34.3、高 20 厘米
⊙ 现藏江山市博物馆

（摄影：李永加）

印纹硬陶直领扁折腹罐

⊙ 肩头弄文化（夏商时期）

⊙ 江地（山）1:1

⊙ 衢州市江山市峡口镇地山岗村山崖岭出土

⊙ 口径 11.6、腹径 18.8、高 15.6 厘米

⊙ 现藏江山市博物馆

（摄影：李永加）

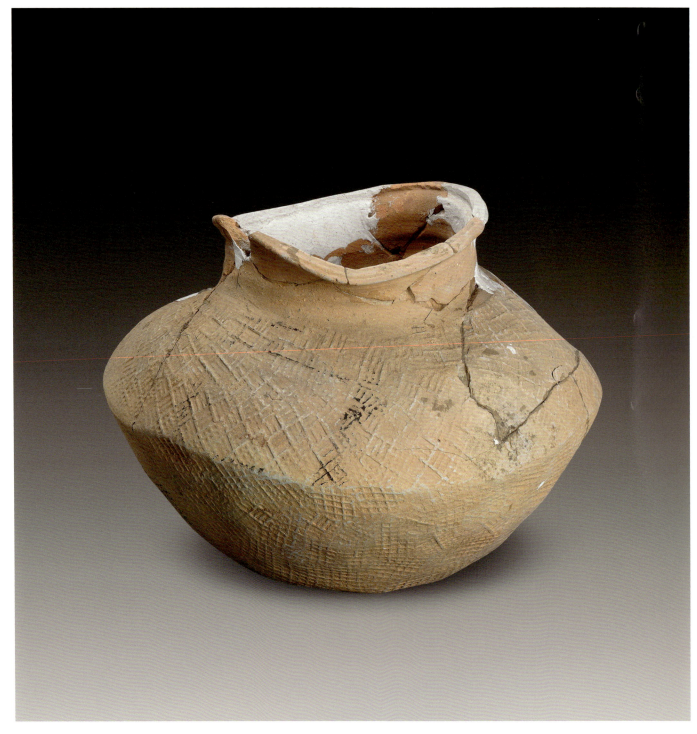

印纹硬陶直领折肩折腹罐

⊙ 肩头弄文化（夏商时期）
⊙ 江肩（四）4∶1
⊙ 衢州市江山市峡口镇肩头弄出土
⊙ 口径 7.9、高 8.8 厘米
⊙ 现藏江山市博物馆

（摄影：李永加）

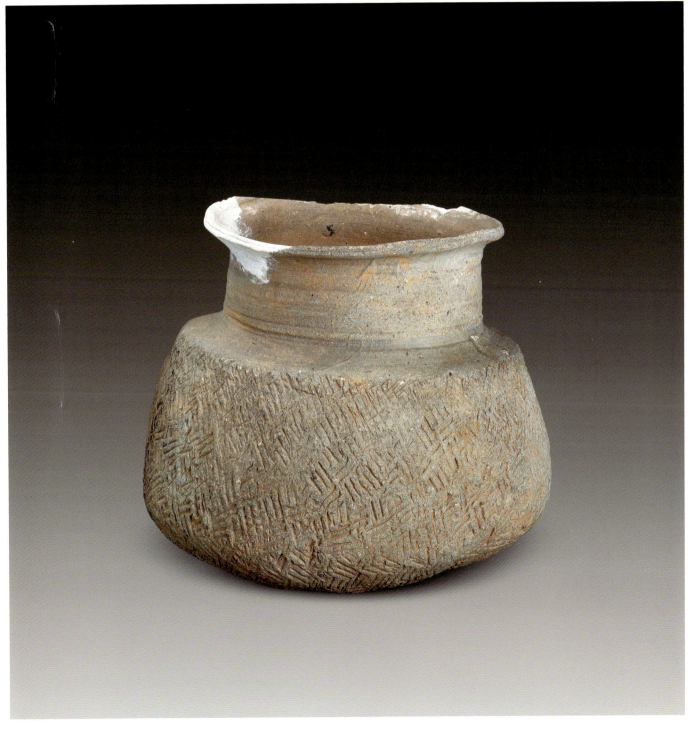

印纹硬陶直领折肩罐

- ⊙ 肩头弄文化（夏商时期）
- ⊙ 江肩（四）5∶2
- ⊙ 衢州市江山市峡口镇肩头弄出土
- ⊙ 口径 11.5、腹径 19.4、高 16.6 厘米
- ⊙ 现藏江山市博物馆

（摄影：李永加）

印纹硬陶直领折肩折腹罐

- 肩头弄文化（夏商时期）
- 江肩（四）2:3
- 衢州市江山市峡口镇肩头弄出土
- 口径 14、腹径 29.5、高 22 厘米
- 现藏江山市博物馆

（摄影：李永如）

印纹硬陶直领折肩折腹罐

- ⊙ 肩头弄文化（夏商时期）
- ⊙ 江肩（四）1:1
- ⊙ 衢州市江山市峡口镇肩头弄出土
- ⊙ 口径 11.5、腹径 19.4、高 16.6 厘米
- ⊙ 现藏江山市博物馆

（摄影：李永加）

印纹硬陶直领折肩折腹罐

⊙ 肩头弄文化（夏商时期）

⊙ 江肩（四）2:2

⊙ 衢州市江山市峡口镇肩头弄出土

⊙ 口径 11.5、腹径 20.5、高 18.5 厘米

⊙ 现藏江山市博物馆

（摄影：李永加）

印纹硬陶直领折肩罐

⊙ 肩头弄文化（夏商时期）

⊙ 江肩（一）1:1

⊙ 衢州市江山市峡口镇肩头弄出土

⊙ 口径 12.2、腹径 24、高 19.1 厘米

⊙ 现藏江山市博物馆

（摄影：李永加）

印纹硬陶扁折腹罐

⊙ 肩头弄文化（夏商时期）

⊙ 江肩（五）1:11

⊙ 衢州市江山市峡口镇肩头弄出土

⊙ 口径 11、腹径 17.6、高 10.5 厘米

⊙ 现藏江山市博物馆

（摄影：李永加）

印纹硬陶高领广肩罐

⊙ 肩头弄文化（夏商时期）

⊙ 1140

⊙ 1995 年丽水市松阳县西屏镇紫荆村出土

⊙ 口径 14.8、腹径 26、高 17.1 厘米

⊙ 现藏松阳县博物馆

（摄影：李永加）

印纹硬陶单把罐

- ⊙ 肩头弄文化（夏商时期）
- ⊙ 0565
- ⊙ 1988 年丽水市松阳县新兴镇砖瓦厂出土
- ⊙ 口径 8.8～9.6、高 11.1 厘米
- ⊙ 现藏松阳县博物馆

（摄影：李永加）

印纹硬陶球腹罐

⊙ 肩头弄文化（夏商时期）
⊙ 江肩（五）2:1
⊙ 衢州市江山市峡口镇肩头弄出土
⊙ 口径 11.8、腹径 15.2、高 11.9 厘米
⊙ 现藏江山市博物馆

（摄影：李永加）

印纹硬陶盆

⊙ 肩头弄文化（夏商时期）
⊙ 江肩（四）6:2
⊙ 衢州市江山市峡口镇肩头弄出土
⊙ 口径 18、高 9.1 厘米
⊙ 现藏江山市博物馆

（摄影：李永加）

原始瓷豆

⊙ 营盘山期类型（商代后期）

⊙ M18:5

⊙ 2014 年衢州市龙游县寺底袁 M18 出土

⊙ 口径 15.1、足径 10.2、高 11.9 厘米

⊙ 现藏浙江省文物考古研究所

（摄影：李永加）

硬陶罐

⊙ 营盘山期类型（商代后期）

⊙ M18:9

⊙ 2014 年衢州市龙游县寺底袁 M18 出土

⊙ 口径 10.8、底径 7、高 6.4 厘米

⊙ 现藏浙江省文物考古研究所

（摄影：李永加）

硬陶罐

⊙ 营盘山期类型（商代后期）

⊙ M18:7

⊙ 2014 年衢州市龙游县寺底袁 M18 出土

⊙ 口径 14.5、底径 8.3、高 11.6 厘米

⊙ 现藏浙江省文物考古研究所

（摄影：李永加）

硬陶罐

⊙ 营盘山期类型（商代后期）

⊙ M18:8

⊙ 2014 年衢州市龙游县寺底袁 M18 出土

⊙ 口径 11、底径 6、高 6.1 厘米

⊙ 现藏浙江省文物考古研究所

（摄影：李永加）

印纹硬陶鼓腹罐

⊙ 营盘山期类型（商代后期）

⊙ M18：4

⊙ 2014 年衢州市龙游县寺底袁
　 M18 出土

⊙ 口径 10.5、高 17.8 厘米

⊙ 现藏浙江省文物考古研究所

（摄影：李永加）

印纹硬陶鼓腹罐

⊙ 营盘山期类型（商代后期）

⊙ M18：12

⊙ 2014 年衢州市龙游县寺底袁 M18
　 出土

⊙ 口径 11、高 14.9 厘米

⊙ 现藏浙江省文物考古研究所

（摄影：李永加）

印纹硬陶球腹罐

⊙ 营盘山期类型（商代后期）

⊙ M18：2

⊙ 2014 年衢州市龙游县寺底袁 M18 出土

⊙ 口径 20.5、腹径 44、高 36.5 厘米

⊙ 现藏浙江省文物考古研究所

（摄影：李未加）

印纹硬陶球腹罐

- ⊙ 营盘山期类型（商代后期）
- ⊙ M18:1
- ⊙ 2014 年衢州市龙游县寺底袁 M18 出土
- ⊙ 口径 17～29、腹径 35.9～43.8、高
  29.2～35.8 厘米
- ⊙ 现藏浙江省文物考古研究所

（摄影：李永加）

印纹硬陶敛口罐

- ⊙ 营盘山期类型（商代后期）
- ⊙ 2047
- ⊙ 1988 年衢州市龙游县溪口镇扁石砖瓦厂出土
- ⊙ 口径 12.7、腹径 16、高 9.8 厘米
- ⊙ 现藏龙游县博物馆

（摄影：李永加）

印纹硬陶单把杯

⊙ 营盘山期类型（商代后期）

⊙ 0268

⊙ 1984 年丽水市松阳县古市镇出土

⊙ 口径 10.1、高 17.1 厘米

⊙ 现藏松阳县博物馆

（摄影：李永加）

印纹硬陶球腹瓮

- ⊙ 营盘山期类型（商代后期）
- ⊙ 江地（平）2:4
- ⊙ 衢州市江山市峡口镇地山岗村平天塘出土
- ⊙ 口径 17、腹径 34.5、高 30.5 厘米
- ⊙ 现藏江山市博物馆

（摄影：李永加）

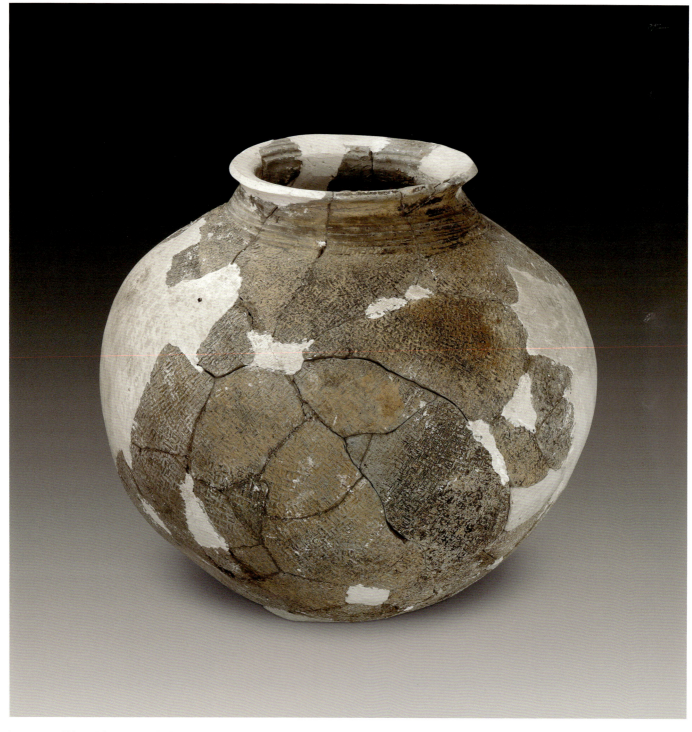

印纹硬陶球腹瓮

⊙ 营盘山期类型（商代后期）

⊙ 江地（平）2：6

⊙ 衢州市江山市峡口镇地山岗村平天塘出土

⊙ 口径 19.1、腹径 31.8、高 31.6 厘米

⊙ 现藏江山市博物馆

（摄影：李永加）

印纹硬陶圆肩瓮

⊙ 营盘山期类型（商代后期）

⊙ 江地（平）2:3

⊙ 衢州市江山市峡口镇地山岗村
平天塘出土

⊙ 口径 20、腹径 44、高 63 厘米

⊙ 现藏江山市博物馆

（摄影：李永加）

印纹硬陶圆肩瓮

- 营盘山期类型（商代后期）
- 江地（平）2:1
- 衢州市江山市峡口镇地山岗村
  平天塘出土
- 口径16、腹径45、高41厘米
- 现藏江山市博物馆

（摄影：李永加）

印纹硬陶三足盘

⊙ 营盘山期类型（商代后期）

⊙ 13393

⊙ 1993 年衢州市柯城区万田乡馒头山村出土

⊙ 口径 20、高 10 厘米

⊙ 现藏衢州市博物馆

（摄影：李永加）

原始瓷豆

⊙ 营盘山期类型（商末周初）
⊙ 1231
⊙ 1979 年衢州市江山市峡口镇地山岗村
　出土
⊙ 口径 15.4、足径 8.4、高 6.5 厘米
⊙ 现藏江山市博物馆

（摄影：李永加）

原始瓷豆

⊙ 营盘山期类型（商末周初）
⊙ 江和（乌）1:1
⊙ 衢州市江山市和睦村乌里山出土
⊙ 口径 9.4、足径 5.4、高 4.6 厘米
⊙ 现藏江山市博物馆

（摄影：李永加）

印纹硬陶圆肩圈足罐

- ⊙ 营盘山期类型（商末周初）
- ⊙ 江和（乌）1:2
- ⊙ 衢州市江山市和睦村乌里山出土
- ⊙ 口径 12.2、足径 11.2、腹径 21、高 21 厘米
- ⊙ 现藏江山市博物馆

（摄影：李永加）

印纹硬陶高领圆肩坛

- ⊙ 营盘山期类型（商末周初）
- ⊙ 江和（乌）1:4
- ⊙ 衢州市江山市和睦村乌里山出土
- ⊙ 口径 19.8、腹径 35.5、高 38 厘米
- ⊙ 现藏江山市博物馆

（摄影：李永加）

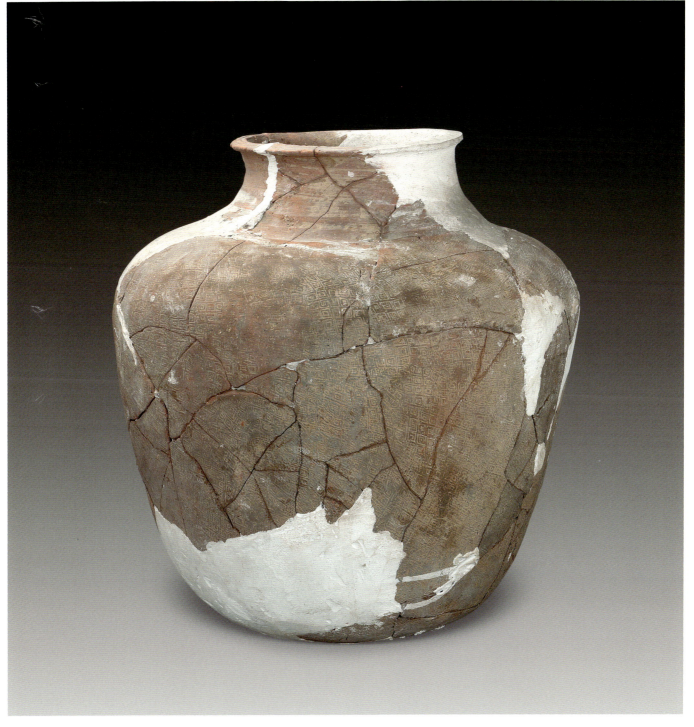

西周时期

西周时期是印纹硬陶与原始瓷的繁荣时期，印纹硬陶的纹饰规整，流行组合纹，西周早期还出现仿青铜器纹饰的风格，在长兴还发现烧制该时期印纹硬陶礼器的窑址。原始瓷的器类丰富，胎釉经过了厚胎薄釉与厚胎厚釉共存，以厚胎薄釉为主到以厚胎厚釉为主的发展阶段，到西周晚期晚段厚胎薄釉消失。

此时，浙北地区以回字纹、曲折纹、大型云雷纹为主体的印纹硬陶文化因素迅速扩展到金衢地区，两地印纹硬陶的文化面貌趋于一致，呈现出器类相同，纹饰一致的大一统格局。然而，就原始瓷胎釉特征及器物组合看，西周早中期，金衢地区存在较多的厚胎厚釉的器类不见或少见于浙北地区。金衢地区还出土有浙北地区少见的青铜器。这似乎又说明，西周早中期，浙北和金衢地区还是两个相对独立的文化小区。到西周晚期，金衢地区与浙北地区的原始瓷的胎釉、器类均呈现一致的面貌。

衢州市衢江区云溪庙山尖土墩墓

西周早期

印纹硬陶器的圜底作风基本消失，坛、罐类器物以圆角平底为主，有的圜底处还外加圈足，表现出圜底向平底的过渡形态。瓿的底部为底边外凸的大平底，周边可见手捏的裙边。原始瓷豆有敛口和直口两类。直口豆的内壁常见两组细密的弦纹，有的还间以篦状纹。敛口豆、盂多见，外壁常见粗弦纹，矮喇叭形圈足，口沿外侧常饰有成双配置的小泥饼。厚胎厚釉器物常见折线纹、菱形网格纹。

西周早期印纹硬陶主要纹饰有折线纹、回字纹和大型云雷纹。流行组合纹，常见交替装饰折线纹与回纹、回纹与大型云雷纹，折线纹、云雷纹往往呈条带状。整体来说，这一时期，纹样线条粗壮，拍印较深，排列整齐，回字纹内框突出成口字，带有明显的浅浮雕及仿青铜器纹饰的风格。浅细的回字纹、回字带点纹及菱形带凸块纹往往拍印在圆角平底略内凹的罐、瓮类器上，时代应在商末周初。

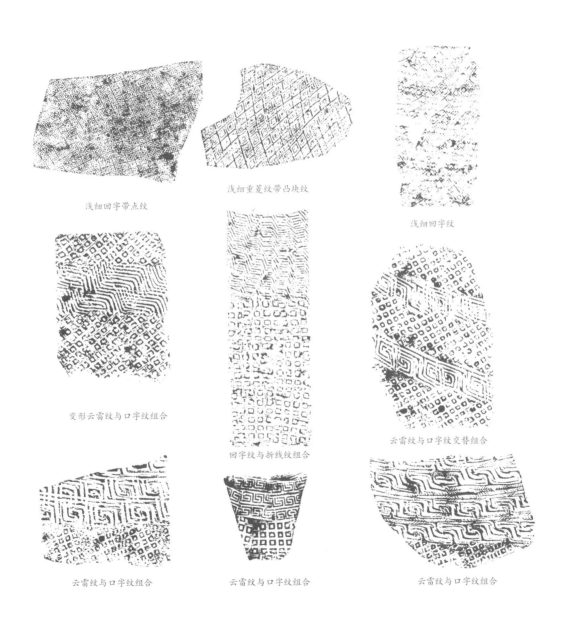

浅细回字带点纹　　　　　　　浅细重菱纹带凸块纹　　　　　　　浅细回字纹

变形云雷纹与口字纹组合　　　回字纹与折线纹组合　　　云雷纹与口字纹交替组合

云雷纹与口字纹组合　　　云雷纹与口字纹组合　　　云雷纹与口字纹组合

典型墓例海宁夹山 D4M2 出土器物组合

西周初期
1984 年嘉兴市海宁市夹山 D4M2 出土
现藏浙江省文物考古研究所

原始瓷豆
⊙ D4M2:3
⊙ 口径 13.6、足径 7.3、高 4.9 厘米

原始瓷豆
⊙ D4M2:1
⊙ 口径 14.8、足径 8.3、高 8.6 厘米

原始瓷豆
⊙ D4M2:5
⊙ 口径 8.5、足径 6.3、高 5.8 厘米

印纹硬陶球腹罐
⊙ D4M2:7
⊙ 口径 14.4、腹径 26.8、高 21.7 厘米

印纹硬陶球腹罐
⊙ D4M2:2
⊙ 口径 13.6、腹径 22.3、高 18.7 厘米

印纹硬陶圆肩瓮
⊙ D4M2:8
⊙ 口径 23.3、腹径 44.5、高 41 厘米

D4M2:3

D4M2:1

D4M2:5

D4M2:7

D4M2:2

D4M2:8

D20M1:5

D20M1:7

D20M1:11

D20M1:6

典型墓例萧山柴岭山 D20M1 出土器物组合

西周早期

2011 年杭州市萧山区柴岭山 D20M1 出土

现藏杭州市萧山区博物馆

原始瓷豆

⊙ D20M1:5

⊙ 口径 15.3、足径 8.8、高 7.7 厘米

原始瓷豆

⊙ D20M1:7

⊙ 口径 14.6、足径 7.5、高 7.8 厘米

原始瓷豆

⊙ D20M1:11

⊙ 口径 14.7、足径 8.4、高 8 厘米

原始瓷豆

⊙ D20M1:6

⊙ 口径 16.3、足径 6.7、高 5.6 厘米

印纹硬陶球腹罐

⊙ D20M1：2

⊙ 口径 15、腹径 29.7、高 22.3 厘米

印纹硬陶球腹罐

⊙ D20M1：3

⊙ 口径 11.6、腹径 21.5、高 17.6 厘米

印纹硬陶鼓腹罐

⊙ D20M1：8

⊙ 口径 10.9、腹径 15.7、高 13.3 厘米

印纹硬陶球腹罐

⊙ D20M1：9

⊙ 口径 12.6、腹径 23.5、高 16.9 厘米

D20M1：2

D20M1：8

D20M1：3

D20M1：9

印纹硬陶扁鼓腹瓿

⊙ D20M1：1

⊙ 口径 12.2、底径 14.8、腹径 18.7、高
　10 厘米

印纹硬陶鼓肩瓿

⊙ D20M1：4

⊙ 口径 14.9、底径 15.8、腹径 22.2、高
　13.6 厘米

印纹硬陶鼓腹罐

⊙ D20M1：10

⊙ 口径 18.5、底径 21.1、腹径 30.1、高
　22.1 厘米

印纹硬陶扁鼓腹瓿

⊙ D20M1：12

⊙ 口径 10.8、底径 12.5、腹径 16.2、高 9.6
　厘米

D20M1：1

D20M1：10

D20M1：4

D20M1：12

原始瓷豆

⊙ 西周早期

⊙ D3M1 ∶ 4

⊙ 1999 年湖州市德清县洛舍镇独仓山 D3M1 出土

⊙ 口径 15.8、足径 8.6、高 9 厘米

⊙ 现藏德清县博物馆

（摄影：李永加）

原始瓷豆

- ⊙ 西周早期
- ⊙ D3M1:7
- ⊙ 1999 年湖州市德清县洛舍镇独仓山 D3M1 出土
- ⊙ 口径 13.5、足径 6.3、高 6.8 厘米
- ⊙ 现藏德清县博物馆

（摄影：李永加）

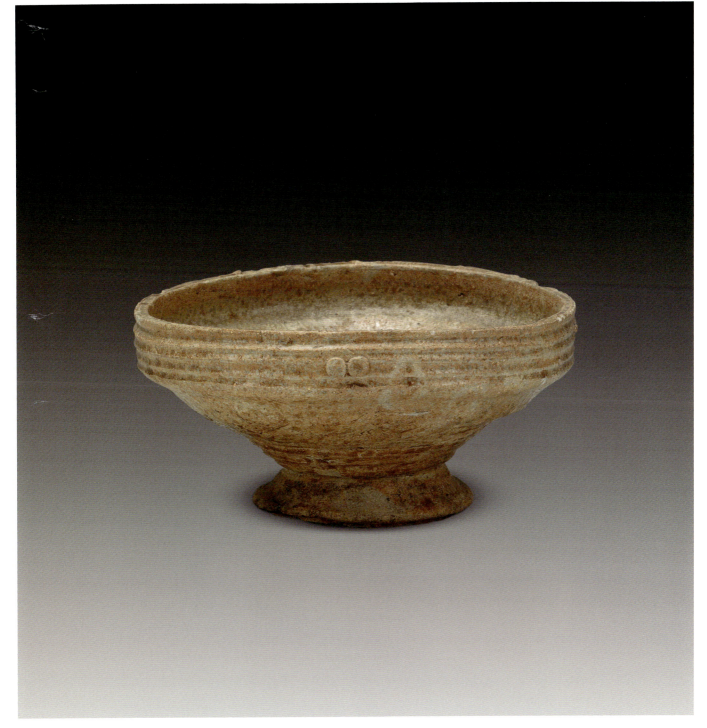

原始瓷豆

⊙ 西周早期

⊙ D23M1∶4

⊙ 2011 年杭州市萧山区柴岭山 D23M1 出土

⊙ 口径 20.8、足径 9、高 7.8 厘米

⊙ 现藏杭州市萧山区博物馆

（摄影：李永加）

原始瓷豆

- 西周早期
- D11M1:1
- 2011 年杭州市萧山区柴岭山 D11M1 出土
- 口径 17.1、足径 11.1、高 6.8 厘米
- 现藏杭州市萧山区博物馆

（摄影：李永加）

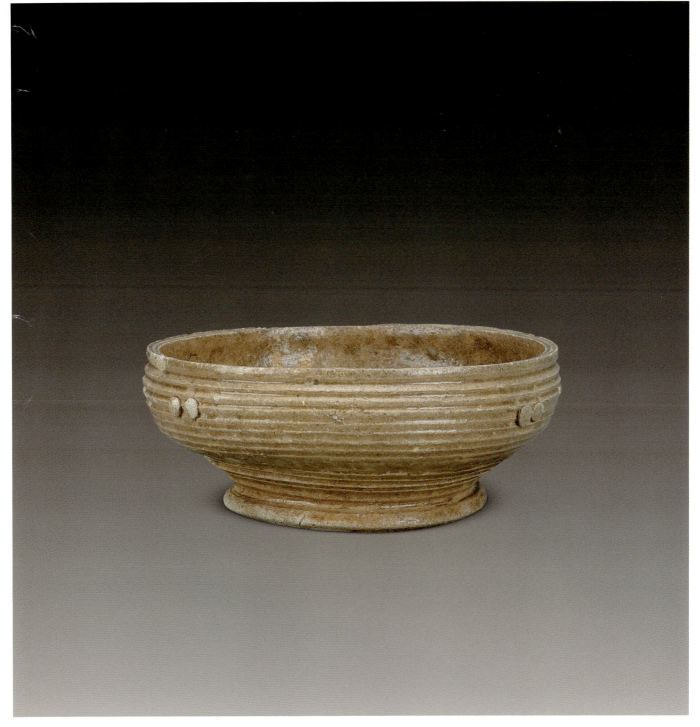

原始瓷豆

⊙ 西周早期

⊙ D1M3∶2

⊙ 1984 年宁波市慈溪市东安乡洪家村 D1M3 出土

⊙ 口径 12.9、足径 6.7、高 5.3 厘米

⊙ 现藏浙江省文物考古研究所

（摄影：李永加）

原始瓷豆

- 西周早期
- D2M2:6
- 1984 年宁波市慈溪市东安乡洪家村 D2M2 出土
- 口径 8.5、足径 6.6、高 6.4 厘米
- 现藏浙江省文物考古研究所

（摄影：李永加）

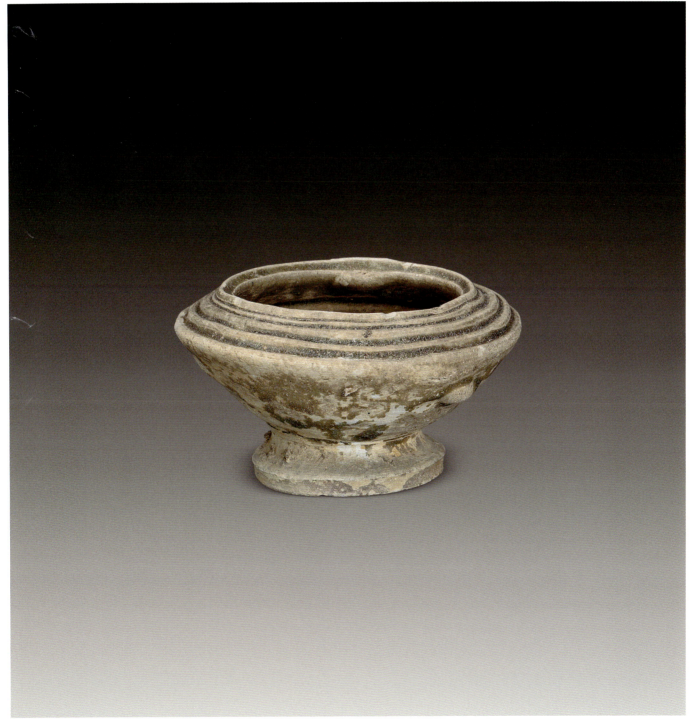

原始瓷豆

- ⊙ 西周早期
- ⊙ 江地（白）2:5
- ⊙ 1979 年衢州市江山市地山岗村白塘边出土
- ⊙ 口径 12.8、足径 6.2、高 6.5 厘米
- ⊙ 现藏江山市博物馆

（摄影：李永加）

原始瓷豆

- ⊙ 西周早期
- ⊙ 10764
- ⊙ 1983 年衢州市衢江区浮石街道松园村出土
- ⊙ 口径 7.8、足径 5、高 5.5 厘米
- ⊙ 现藏衢州市博物馆

（摄影：李永加）

原始瓷豆

- ⊙ 西周早期
- ⊙ 江地（平）3：2
- ⊙ 1979 年衢州市江山市峡口镇地山岗村
  平天塘出土
- ⊙ 口径 19.6、足径 9.6、高 8.4 厘米
- ⊙ 现藏江山市博物馆

（摄影：李永如）

原始瓷簋

⊙ 西周早期

⊙ 江地（平）4∶3

⊙ 1979 年衢州市江山市峡口镇地山岗村
平天塘出土

⊙ 口径 11.8、足径 8.6、高 6.7 厘米

⊙ 现藏江山市博物馆

（摄影：李永加）

原始瓷筒形罐

- 西周早期
- 江地（平）4:1
- 1979 年衢州市江山市峡口镇地山岗村平天塘出土
- 口径 14.8、足径 16.6、腹径 22、通高 31.2 厘米
- 现藏江山市博物馆

（摄影：李永加）

原始瓷大口扁鼓腹罐

- 西周早期
- 江地（平）7:2
- 1979 年衢州市江山市峡口镇地山岗村平天塘出土
- 口径 12.2、足径 9.8、腹径 16.4、高 10.2 厘米
- 现藏江山市博物馆

（摄影：李永加）

原始瓷大口鼓腹罐

- 西周早期
- 江地（平）6:1
- 1979 年衢州市江山市峡口镇地山岗村平天塘出土
- 口径 12.7、足径 10、腹径 15.6、高 13 厘米
- 现藏江山市博物馆

（摄影：李永加）

原始瓷大口鼓腹罐

⊙ 西周早期

⊙ 13129

⊙ 1993 年衢州市柯城区柯城乡湖柘垅村
　北钟楼山出土

⊙ 口径 17、足径 10.6、高 17.8 厘米

⊙ 现藏衢州市博物馆

（摄影：李永加）

原始瓷双耳簋形器

- ⊙ 西周早期
- ⊙ 采:1
- ⊙ 1990 年台州市黄岩区小人尖土墩墓出土
- ⊙ 口径 13、足径 8.4、高 15.7 厘米
- ⊙ 现藏台州市黄岩区博物馆

（摄影：李永加）

原始瓷敛口豆

⊙ 西周早期

⊙ M1：12

⊙ 1990 年台州市黄岩区小人尖土墩墓出土

⊙ 口径 18、足径 9.5、高 9 厘米

⊙ 现藏台州市黄岩区博物馆

（摄影：李永加）

原始瓷敛口豆

⊙ 西周早期

⊙ M1：8

⊙ 1990 年台州市黄岩区小人尖土墩墓出土

⊙ 口径 20、足径 8.5、高 9 厘米

⊙ 现藏台州市黄岩区博物馆

（摄影：李永加）

原始瓷敛口折腹豆

⊙ 西周早期

⊙ M1：14

⊙ 1990 年台州市黄岩区小人尖土墩墓出土

⊙ 口径 8.5、足径 6.5、高 7.5 厘米

⊙ 现藏台州市黄岩区博物馆

（摄影：李永加）

原始瓷鼓腹瓮

⊙ 西周早期

⊙ 采：8

⊙ 1990 年台州市黄岩区小人尖土墩墓出土

⊙ 口径 16.4、底径 10、高 24.6 厘米

⊙ 现藏台州市黄岩区博物馆

（摄影：李永加）

原始瓷大口鼓腹罐

⊙ 西周早中期

⊙ 12566

⊙ 1982 年衢州市衢江区云溪乡西山村大石塔土墩墓
　 出土

⊙ 口径 17.6、足径 15.7、高 23 厘米

⊙ 现藏衢州市博物馆

（摄影：李永加）

原始瓷罐

⊙ 西周早中期

⊙ 12735

⊙ 1982 年衢州市衢江区云溪乡西山村大石塔
　 土墩墓出土

⊙ 口径 11、足径 10、高 7.8 厘米

⊙ 现藏衢州市博物馆

（摄影：李永加）

印纹硬陶球腹瓮

- 西周早期
- D17M3：10
- 1984 年嘉兴市海宁市夹山 D17M3 出土
- 口径 22.8、底径 25、腹径 46.6、高 36.4 厘米
- 现藏浙江省文物考古研究所

（摄影：李永加）

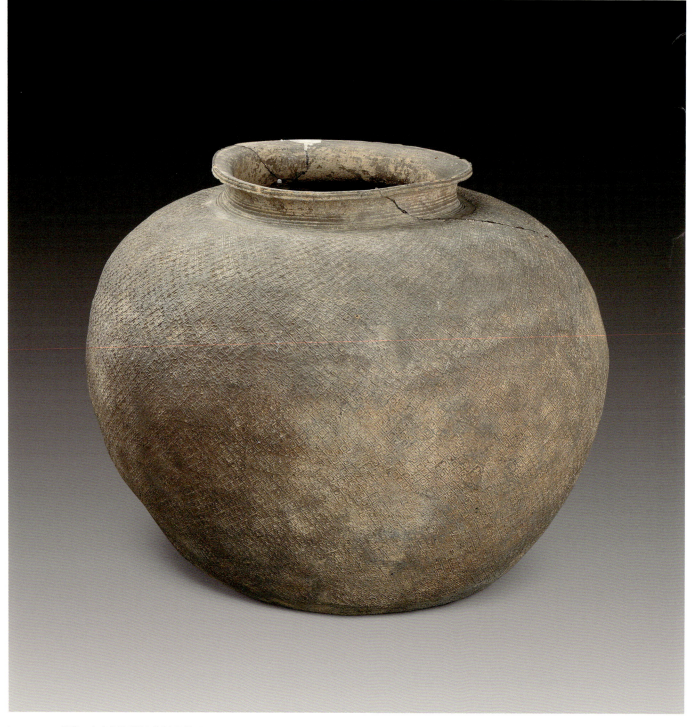

印纹硬陶扁鼓腹罐

⊙ 西周早期

⊙ 308-79

⊙ 湖州市长兴县出土

⊙ 口径 11.2、底径 12.1、腹径 20.6、高 14.1 厘米

⊙ 现藏长兴县博物馆

（摄影：李永加）

印纹硬陶双耳鼓腹罐

- ⊙ 西周早期
- ⊙ 1664–257
- ⊙ 1976 年湖州市长兴县长兴港出土
- ⊙ 口径 13.4、足径 13.5、腹径 18.6、高 12 厘米
- ⊙ 现藏长兴县博物馆

（摄影：李永加）

印纹硬陶大口鼓腹罐

- ⊙ 西周早期
- ⊙ 12590
- ⊙ 1983 年衢州市龙游县上圩头乡魏家村三塘垅出土
- ⊙ 口径 12、足径 9.7、高 9.8 厘米
- ⊙ 现藏衢州市博物馆

（摄影：李永加）

印纹硬陶鼓腹罐

- ⊙ 西周早期
- ⊙ 12983
- ⊙ 1991 年衢州市衢江区云溪乡程家山村土墩墓出土
- ⊙ 口径 22.2、底径 27、高 30.7 厘米
- ⊙ 现藏衢州市博物馆

（摄影：李永加）

印纹硬陶折肩圈足盖罐

⊙ 西周早期

⊙ 江石（大）M2∶12

⊙ 衢州市江山市石门镇大麦山 M2 出土

⊙ 口径 16.2、足径 14.3、腹径 29.6、高 27.8 厘米

⊙ 现藏江山市博物馆

（摄影：李永加）

印纹硬陶扁鼓腹瓿

⊙ 西周早期

⊙ 12964

⊙ 1991 年衢州市衢江区云溪乡程家山村土墩墓出土

⊙ 口径 10、足径 8、高 6.8 厘米

⊙ 现藏衢州市博物馆

（摄影：李永加）

印纹硬陶扁鼓腹瓿

⊙ 西周早期

⊙ 6922-1222

⊙ 2002 年湖州市长兴县煤山镇百家庄出土

⊙ 口径 11.3、足径 11、腹径 15、高 9.8 厘米

⊙ 现藏长兴县博物馆

（摄影：李永加）

印纹硬陶扁鼓腹瓿

- ⊙ 西周早期
- ⊙ 367-140
- ⊙ 湖州市长兴县出土
- ⊙ 口径 13.3、足径 14.9、高 9.3 厘米
- ⊙ 现藏长兴县博物馆

（摄影：李永加）

印纹硬陶扁鼓腹瓿

⊙ 西周早期

⊙ 6912

⊙ 湖州市长兴县小浦镇光耀窑址出土

⊙ 口径 23.2、底径 8.3、高 13.8 厘米

⊙ 现藏长兴县博物馆

（摄影：李永加）

印纹硬陶扁鼓腹瓿

⊙ 西周早期

⊙ 4525-424

⊙ 2002 年湖州市长兴县煤山镇下齐岭墓葬出土

⊙ 口径 11.6、底径 13.6、腹径 16.4、高 8 厘米

⊙ 现藏长兴县博物馆

（摄影：李永加）

印纹硬陶鼓肩瓿

⊙ 西周早期

⊙ 4538-437

⊙ 2002 年湖州市长兴县煤山镇下齐岭墓葬出土

⊙ 口径 18.6、底径 19.6、腹径 26.8、高 16.8 厘米

⊙ 现藏长兴县博物馆

（摄影：李永加）

印纹硬陶鼓腹瓿

⊙ 西周早期

⊙ 4557-458

⊙ 2002 年长兴县湖州市煤山镇下齐岭土墩墓
  出土

⊙ 口径 23、底径 28、腹径 45、高 40.3 厘米

⊙ 现藏长兴县博物馆

（摄影：李永加）

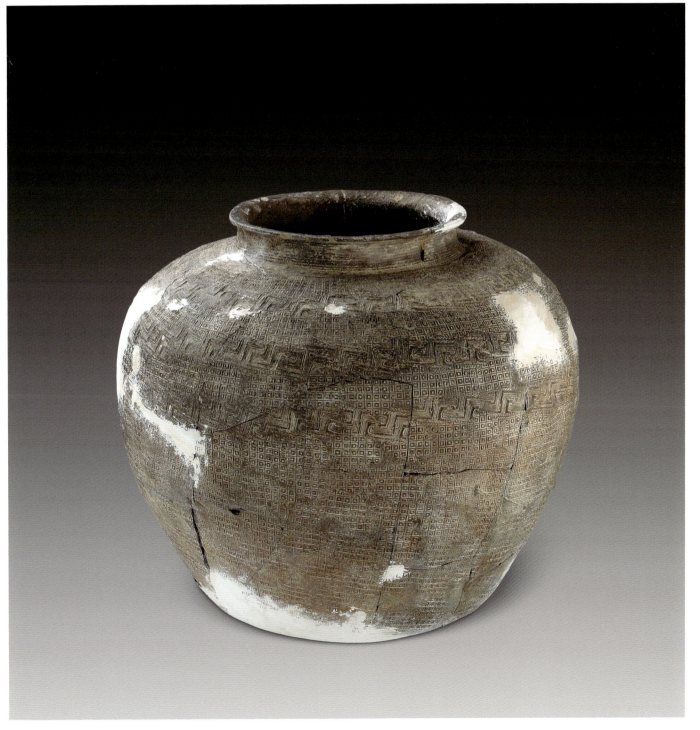

印纹硬陶鼓腹瓮

⊙ 西周早期

⊙ 4556-457

⊙ 2002 年湖州市长兴县煤山镇下齐岭墓葬出土

⊙ 口径 27.3、底径 29、腹径 52.9、高 45.8 厘米

⊙ 现藏长兴县博物馆

（摄影：李永加）

印纹硬陶圆肩坛

⊙ 西周早期

⊙ 江地（白）1:1

⊙ 1979 年衢州市江山市峡口镇地山岗村白塘边
  出土

⊙ 口径 21、底径 24.2、腹径 36、高 46 厘米

⊙ 现藏江山市博物馆

（摄影：李永加）

西周中期

西周中期印纹硬陶坛、罐类器物的凹圜底彻底消失，底部为折角平底，瓿仍为大平底。常见纹饰为折线纹、回纹、弦纹套叠复线菱形纹，大型云雷纹基本消失，仍多见拍印交错组合纹饰，纹饰整齐粗壮，但回纹内框线外凸现象减弱。器表多贴塑和扉棱装饰。敛口豆、盂的圈足变矮，盘壁趋直，弦纹变细浅。出现敞口折腹豆。厚胎厚釉器物的装饰纹饰同前期。

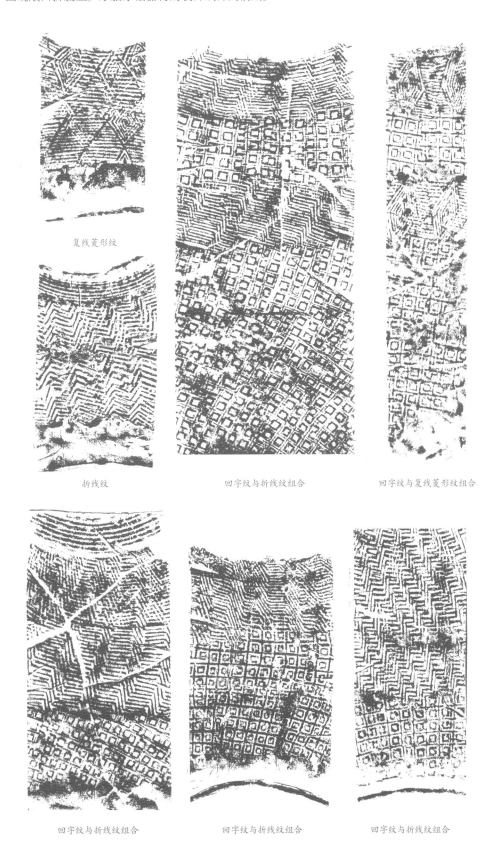

复线菱形纹

折线纹

回字纹与折线纹组合

回字纹与复线菱形纹组合

回字纹与折线纹组合

回字纹与折线纹组合

回字纹与折线纹组合

典型墓例萧山柴岭山 D13M1 出土
器物组合

西周中期
2011 年杭州市萧山区柴岭山 D13M1 出土
现藏杭州市萧山区博物馆

原始瓷簋
⊙ D13M1：2
⊙ 口径 12.9、足径 10.4、高 6.8 厘米

原始瓷豆
⊙ D13M1：1
⊙ 口径 8.8、足径 5.3、高 5 厘米

D13M1：2

D13M1：1

D13M1：3

D13M1：10

D13M1：12

D13M1：11

原始瓷豆

⊙ D13M1:3

⊙ 口径 12.8、足径 5.8、高 5.2 厘米

原始瓷豆

⊙ D13M1:10

⊙ 口径 9.2、足径 5、高 6 厘米

原始瓷豆

⊙ D13M1:12

⊙ 口径 8.9、足径 4.9、高 5.6 厘米

原始瓷豆

⊙ D13M1:11

⊙ 口径 9.7、足径 5.7、高 5.3 厘米

原始瓷盂

⊙ D13M1:4

⊙ 口径 5.8、足径 4.2、高 2.5 厘米

印纹硬陶鼓腹罐

⊙ D13M1:6

⊙ 口径 10.9、底径 12.8、高 10.2 厘米

印纹硬陶鼓腹罐

⊙ D13M1:7

⊙ 口径 13.7、底径 14.4、高 13.4 厘米

印纹硬陶扁鼓腹瓿

⊙ D13M1:9

⊙ 口径 8.9、底径 10.5、高 6.9 厘米

印纹硬陶圆肩坛

⊙ D13M1:5

⊙ 口径 14.5、底径 19.4、腹径 26.7、
高 26.1 厘米

D13M1:4

D13M1:7

D13M1:6

D13M1:9

D13M1:5

典型墓例海宁夹山 D6M1 土器物组合

西周中晚期
1984 年嘉兴市海宁市夹山 D6M1 出土
现藏浙江省文物考古研究所

原始瓷豆
⊙ D6M1：5
⊙ 口径 9.7、足径 5.8、高 6.2 厘米

原始瓷豆
⊙ D6M1：7
⊙ 口径 15.7、足径 5.8、高 5.9 厘米

原始瓷豆
⊙ D6M1：8
⊙ 口径 12.4、足径 5.3、高 5.8 厘米

原始瓷豆
⊙ D6M1：6
⊙ 口径 13.1、足径 5.4、高 4.4 厘米

原始瓷豆
⊙ D6M1：12
⊙ 口径 12.5、足径 5.2、高 5.4 厘米

印纹硬陶鼓肩罐
⊙ D6M1：19
⊙ 口径 13.6、底径 16.3、腹径 23.6、高 18 厘米

印纹硬陶扁鼓腹瓿
⊙ D6M1：14
⊙ 口径 10.9、底径 13.4、腹径 16.9、高 9.5 厘米

印纹硬陶扁鼓腹瓿
⊙ D6M1：17
⊙ 口径 13.7、底径 13.6、腹径 18.7、高 10.8 厘米

印纹硬陶扁鼓腹瓿
⊙ D6M1：13
⊙ 口径 11.4、底径 12.1、腹径 15.9、高 8.7 厘米

印纹硬陶扁鼓腹瓿
⊙ D6M1：16
⊙ 口径 11.7、底径 12.8、腹径 16.3、高 9.3 厘米

D6M1：5

D6M1：7

D6M1：8

D6M1：6

D6M1:12

D6M1:17

D6M1:19

D6M1:13

D6M1:14

D6M1:16

原始瓷豆

- 西周中期
- 江石（大）M1:2
- 衢州市江山市石门镇大麦山 M1 出土
- 口径 20、足径 7.5、高 8.8 厘米
- 现藏江山市博物馆

（摄影：李永加）

原始瓷豆

- 西周中期
- D8M2:4
- 1999 年湖州市德清县洛舍镇独仓山 D8M2 出土
- 口径 9、足径 4.8、高 5.1 厘米
- 现藏浙江省文物考古研究所

（摄影：李永加）

原始瓷盘口罐

⊙ 西周中期

⊙ D2M1 : 2

⊙ 1999 年湖州市德清县洛舍镇独仓山 D2M1 出土

⊙ 口径 22.8、底径 12、高 30.2 厘米

⊙ 现藏德清县博物馆

（摄影：李永加）

原始瓷盘口鼓腹罐

⊙ 西周中期

⊙ 12607

⊙ 1975 年衢州市龙游县溪口镇郑家小垄山出土

⊙ 口径 17.8、底径 6.1、高 26.7 厘米

⊙ 现藏衢州市博物馆

（摄影：李永加）

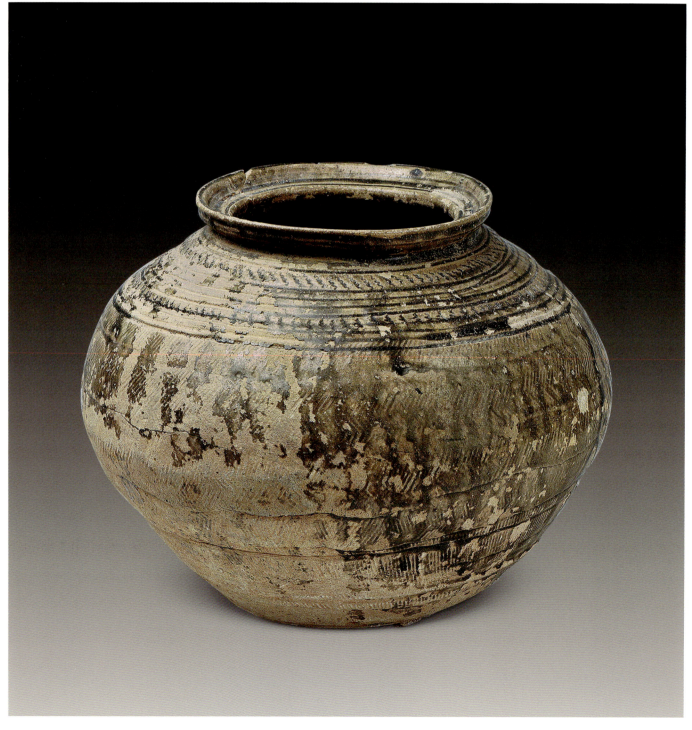

印纹硬陶鼓肩罐

- ⊙ 西周中期
- ⊙ 1800-3-380
- ⊙ 1983 年杭州市余杭区临平公园出土
- ⊙ 口径 20、底径 19、腹径 31.5、高 29 厘米
- ⊙ 现藏杭州市余杭区博物馆

（摄影：李永加）

印纹硬陶鼓肩罐

- ⊙ 西周中期
- ⊙ D7M1:28
- ⊙ 1999 年湖州市德清县洛舍镇独仓山 D7M1 出土
- ⊙ 口径 13.5、底径 16.2、高 15.8 厘米
- ⊙ 现藏德清县博物馆

（摄影：李永加）

印纹硬陶鼓肩罐

⊙ 西周中期

⊙ D1M1：10

⊙ 1999 年湖州市德清县洛舍镇独仓山 D1M1
出土

⊙ 口径 10、底径 13、高 18.5 厘米

⊙ 现藏德清县博物馆

（摄影：李永加）

印纹硬陶鼓腹罐

⊙ 西周中期

⊙ D12：14

⊙ 1984 年嘉兴市海宁市夹山 D12 出土

⊙ 口径 10.4、底径 15.2、腹径 21、高 13.9 厘米

⊙ 现藏浙江省文物考古研究所

（摄影：李永加）

印纹硬陶扁鼓腹瓿

⊙ 西周中期

⊙ D1M1∶8

⊙ 1999 年湖州市德清县洛舍镇独仓山 D1M1
出土

⊙ 口径 10、底径 10.9、高 9.2 厘米

⊙ 现藏德清县博物馆

（摄影：李永加）

印纹硬陶扁鼓腹瓿

⊙ 西周中期

⊙ D18M1∶2

⊙ 2011 年杭州市萧山柴岭山 D18M1 出土

⊙ 口径 8.1、底径 11.9、腹径 15.9、高 8.1 厘米

⊙ 现藏杭州市萧山区博物馆

（摄影：李永加）

印纹硬陶圆肩瓮

⊙ 西周中期

⊙ D2M1∶13

⊙ 1984 年嘉兴市海宁市夹山 D2M1 出土

⊙ 口径 8.5、底径 21.6、腹径 31.6、高 32.7 厘米

⊙ 现藏浙江省文物考古研究所

（摄影：李永加）

西周晚春秋初

印纹硬陶瓮、坛、罐均为圆肩，下腹内收，体形增高；瓿底边切削成小平底，留有明显的切削痕迹，纹饰种类同前期，只是线条变得浅细，回纹内外框平齐，另有少量叶脉纹。

原始瓷器类丰富，胎色较细白，器身泥条盘筑，经慢轮修整，器物内底常见粗疏的螺旋纹，圈足的制作为先在器身外底部粘接一圈泥条，再旋削成矮圈足，其内壁有明显的旋削痕。厚胎厚釉，釉色青黄、青绿或黄绿，釉层分布不均，常见积釉现象，积釉处呈褐色，胎釉结合较差，常见釉层剥落现象。内壁满釉，外壁施釉不到底，常见流釉现象。纹饰常见弦纹、戳印针点纹，流行横向 S 形贴塑，外底常见刻划符号，这是本期的显著时代特征。

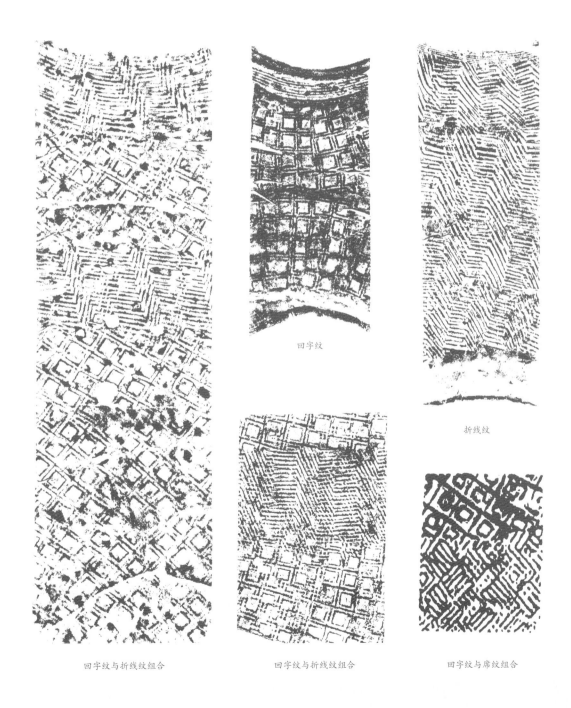

回字纹

折线纹

回字纹与折线纹组合　　　　　　回字纹与折线纹组合　　　　　　回字纹与席纹组合

典型墓例德清独仓山 D10M1 出土器物组合

西周晚期

1999 年湖州市德清县独仓山 D10M1 出土

现藏浙江省文物考古研究所

原始瓷豆

⊙ D10M1:15

⊙ 口径 9.2、足径 5.2、高 6 厘米

原始瓷盂

⊙ D10M1:10

⊙ 口径 7.9、足径 6.1、高 5 厘米

原始瓷盂

⊙ D10M1:20

⊙ 口径 8.8、足径 6、高 4.6 厘米

原始瓷盂

⊙ D10M1:17

⊙ 口径 6.5、足径 4、高 3.5 厘米

原始瓷碗

⊙ D10M1:18

⊙ 口径 8.9、足径 4.4、高 3.5 厘米

印纹硬陶鼓腹罐

⊙ D10M1:6

⊙ 口径 8.4、底径 11.2、高 8.4 厘米

印纹硬陶圆肩坛

⊙ D10M1:9

⊙ 口径 15.8、底径 18.4、高 33.4 厘米

D10M1:6

D10M1:15

D10M1:10

D10M1:18

D10M1:9

D10M1:20

D10M1:17

原始瓷豆

⊙ 西周晚期

⊙ D1:66

⊙ 1984 年嘉兴市海宁市夹山 D1 出土

⊙ 口径 13.6、足径 7.3、高 4.9 厘米

⊙ 现藏浙江省文物考古研究所

（摄影：李永加）

原始瓷豆

- 西周晚期
- D1：74
- 1984 年嘉兴市海宁市夹山 D1 出土
- 口径 13.8、足径 7.7、高 6 厘米
- 现藏浙江省文物考古研究所

（摄影：李永加）

原始瓷豆

- 西周晚期
- D1：76
- 1984 年嘉兴市海宁市夹山 D1 出土
- 口径 14、足径 8.9、高 5.4 厘米
- 现藏浙江省文物考古研究所

（摄影：李永加）

原始瓷豆

⊙ 西周晚期

⊙ D1：29

⊙ 1984 年嘉兴市海宁市夹山 D1 出土

⊙ 口径 14.5、足径 8.8、高 5.9 厘米

⊙ 现藏浙江省文物考古研究所

（摄影：李永加）

原始瓷盂

⊙ 西周晚期

⊙ D1：78

⊙ 1984 年嘉兴市海宁市夹山 D1 出土

⊙ 口径 8.9、足径 6.9、高 4.8 厘米

⊙ 现藏浙江省文物考古研究所

（摄影：李永加）

原始瓷盂

⊙ 西周晚期

⊙ D31M1：56

⊙ 2012 年杭州市萧山区柴岭山 D31M1
出土

⊙ 口径 17.9、足径 14.5、高 7.5 厘米

⊙ 现藏杭州市萧山区博物馆

（摄影：李永加）

原始瓷盂

⊙ 西周晚期

⊙ D31M1：68

⊙ 2012 年杭州市萧山区柴岭山 D31M1 出土

⊙ 口径 7.4、足径 5.2、高 4.1 厘米

⊙ 现藏杭州市萧山区博物馆

（摄影：李永加）

原始瓷盂

⊙ 西周晚期

⊙ D1M1:9

⊙ 2000 年杭州市萧山区新塘街道涝湖村长山 D1M1 出土

⊙ 口径 10.6、足径 6、高 4.6 厘米

⊙ 现藏杭州市萧山区博物馆

（摄影：李永加）

原始瓷盂

- ⊙ 西周晚期
- ⊙ D8:52
- ⊙ 2000 年杭州市萧山区新塘街道涝湖村长山 D8 出土
- ⊙ 口径 10.6、足径 6、高 4.6 厘米
- ⊙ 现藏杭州市萧山区博物馆

（摄影：李永加）

原始瓷盂

- ⊙ 西周晚期
- ⊙ D1M16:4
- ⊙ 1992 年余姚市老虎山 D1M16 出土
- ⊙ 口径 6.8、足径 5.8、高 4.5 厘米
- ⊙ 现藏浙江省文物考古研究所

（摄影：李永加）

原始瓷扁鼓腹罐

⊙ 西周晚期

⊙ D1：5

⊙ 1984年嘉兴市海宁市夹山 D1 出土

⊙ 口径 18.6、底径 13.8、腹径 28.9、高 17.3 厘米

⊙ 现藏浙江省文物考古研究所

（摄影：李永加）

原始瓷扁鼓腹罐

⊙ 西周晚期

⊙ 0376

⊙ 1986 年丽水市松阳县新兴镇大石村出土

⊙ 口径 13.7、底径 11.5、腹径 23.3、高 15.4 厘米

⊙ 现藏松阳县博物馆

（摄影：李永加）

原始瓷折腹罐

- 西周晚期
- 1504
- 2005 年丽水市松阳县新兴镇大石村
  出土
- 口径 7、足径 7.4、高 11.3 厘米
- 现藏松阳县博物馆

（摄影：李永加）

原始瓷碗

⊙ 西周晚期

⊙ 0423

⊙ 1987 年丽水市松阳县新兴镇大石村
出土

⊙ 口径 12.6、足径 8.5、高 5.3 厘米

⊙ 现藏松阳县博物馆

（摄影：李永加）

原始瓷瓿

⊙ 西周晚期

⊙ D15M1：11

⊙ 2011 年杭州市萧山区柴岭山 D15M1 出土

⊙ 口径 17.9、足径 14.5、高 7.5 厘米

⊙ 现藏杭州市萧山区博物馆

（摄影：李永加）

印纹硬陶溜肩罐

⊙ 西周晚期

⊙ D1M1:16

⊙ 2000 年杭州市萧山区新塘街道涝湖村
长山 D1M1 出土

⊙ 口径 11.6、底径 16、高 20.5 厘米

⊙ 现藏杭州市萧山区博物馆

（摄影：李永如）

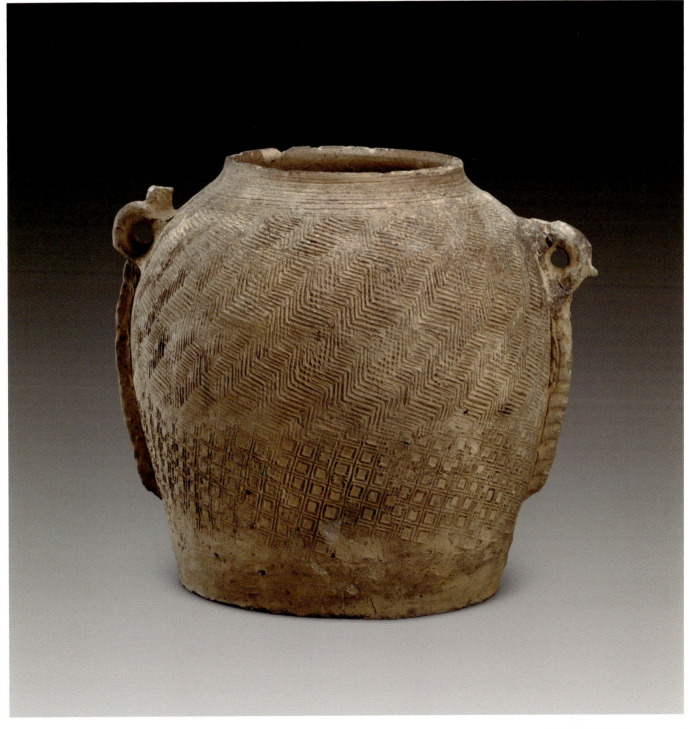

印纹硬陶鼓肩罐

⊙ 西周晚期

⊙ D9M1：2

⊙ 2011 年杭州市萧山区柴岭山 D9M1 出土

⊙ 口径 14.5、底径 15.1、腹径 23.8、高 16.9 厘米

⊙ 现藏杭州市萧山区博物馆

（摄影：李永加）

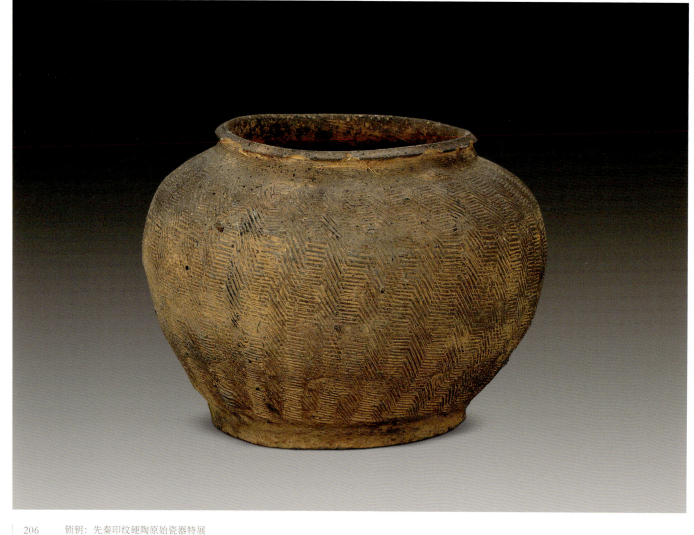

印纹硬陶鼓肩罐

⊙ 西周晚期

⊙ D9∶8

⊙ 1984 年嘉兴市海宁市夹山 D9 出土

⊙ 口径 14.4、底径 17.8、腹径 23.6、高 16.9 厘米

⊙ 现藏浙江省文物考古研究所

（摄影：李永加）

印纹硬陶圆肩坛

- ⊙ 西周晚期
- ⊙ D9:1
- ⊙ 1984 年嘉兴市海宁市夹山 D9 出土
- ⊙ 口径 18.2、底径 21、腹径 29、高 28.2 厘米
- ⊙ 现藏浙江省文物考古研究所

（摄影：李永加）

印纹硬陶圆折肩瓿

⊙ 西周晚期

⊙ D9：15

⊙ 1984 年嘉兴市海宁市夹山 D9 出土

⊙ 口径 9.4、底径 11.5、腹径 15.2、高 8.6 厘米

⊙ 现藏浙江省文物考古研究所

（摄影：李永加）

春秋时期

春秋时期，印纹硬陶的纹饰日趋简化，主要是各种排列整齐的席纹、叶脉纹、米筛纹、菱形填线纹、多重回字加 X 纹等，线条细而浅。器类简单，主要是罐和坛类。原始瓷的生产工艺已经发展到较高的水平，制作方式已由前期的泥条盘筑加慢轮修整发展成为快轮拉坯成型，内底常见细密的轮旋纹，外底常见箕状线割纹。到春秋中、晚期，快轮技术不仅普遍用于碗、盘类小件器，也用于一些较大的罐类器。圈足器基本消失。薄胎薄釉，黄绿色釉为主，少见青绿釉，胎釉结合好，除外底不施釉外，器身内外施满釉。

德清火烧山窑址

春秋早期

印纹硬陶瓿、坛的底径进一步缩小，显得瘦高。瓿的外底边的切削痕已磨光。流行一器拍印两种纹饰，回纹与折线纹的组合少见，流行叶脉纹与大型席纹的组合纹，印纹浅细规整。

原始瓷碗类小件器物轮制成型，原始瓷圈足器基本消失，豆基本不见，多见平底敞口碗，内壁有整齐的轮旋纹，腹壁较弧，外底有箕状线割痕迹，内外施釉到底，胎釉结合较好，流釉剥釉现象明显减少，少量器物的口沿装饰横向 S 形纹，纹饰少见，出现大量原始瓷礼器（见本图录"藏礼于器"部分）。

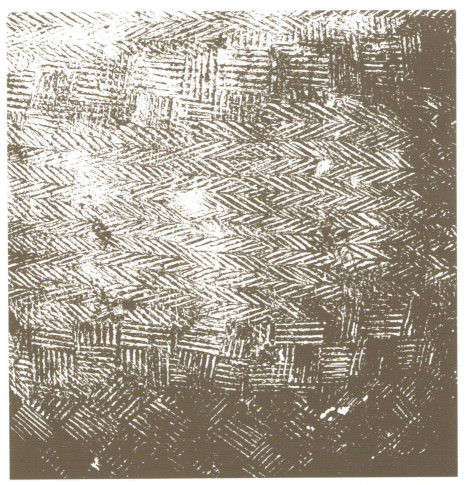

叶脉纹与大型席纹组合

原始瓷碗

- ⊙ 春秋早期
- ⊙ D4M1：7
- ⊙ 1984 年嘉兴市海宁市夹山 D4 出土
- ⊙ 口径 17.8、底径 10.1、高 6.8 厘米
- ⊙ 现藏浙江省文物考古研究所

（摄影：李永加）

原始瓷碗

- ⊙ 春秋早期
- ⊙ 78326
- ⊙ 2011 年杭州市萧山区柴岭山土墩墓
  出土
- ⊙ 口径 13、底径 7.3、高 4.5 厘米
- ⊙ 现藏杭州市萧山区博物馆

（摄影：李永加）

印纹硬陶溜肩坛

⊙ 春秋早期

⊙ D4M6：14

⊙ 1989 年湖州市长兴县石狮村 D4 出土

⊙ 口径 22.8、底径 23.3、高 42.3 厘米

⊙ 现藏浙江省文物考古研究所

（摄影：李永加）

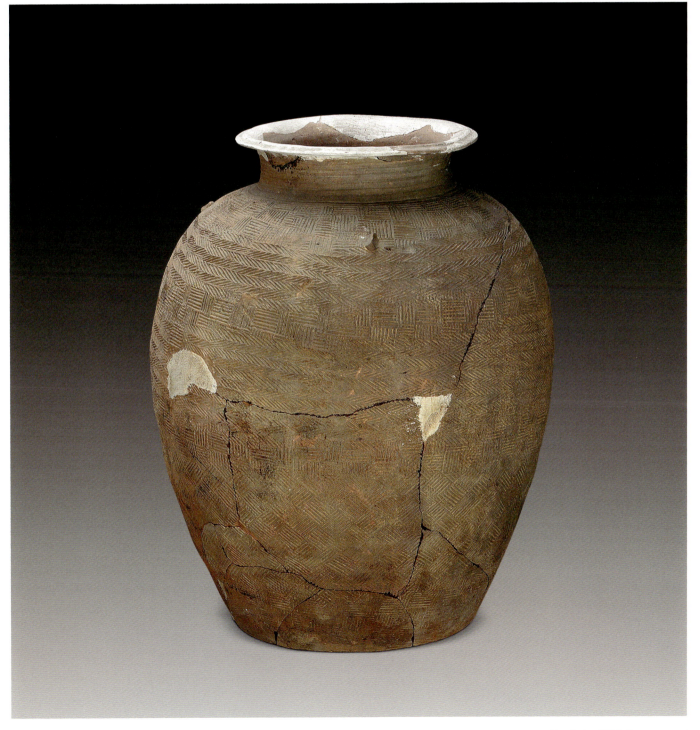

春秋中期

印纹硬陶瓮、坛、罐体态变得匀称，折线纹、回纹、弦纹套叠复线菱形纹均已不见，流行席纹、方格纹、米筛纹、大方格填线纹、多重回字加 X 纹。流行方格纹与米筛纹、方格纹与菱形填线纹、叶脉纹与席纹、叶脉纹与方格纹的组合纹。叶脉纹浅细规整，席纹单元变小，米筛纹两线间隔较宽，中孔较大。原始瓷均轮制成型，瓷胎细白致密，胎壁变薄，施青绿色或黄绿色薄釉。器类明显变少，以碗为主，另有少量的罐。碗壁较矮直，腹底交界处圆折。纹饰有竖向戳印纹、水波纹、对向弧形纹。

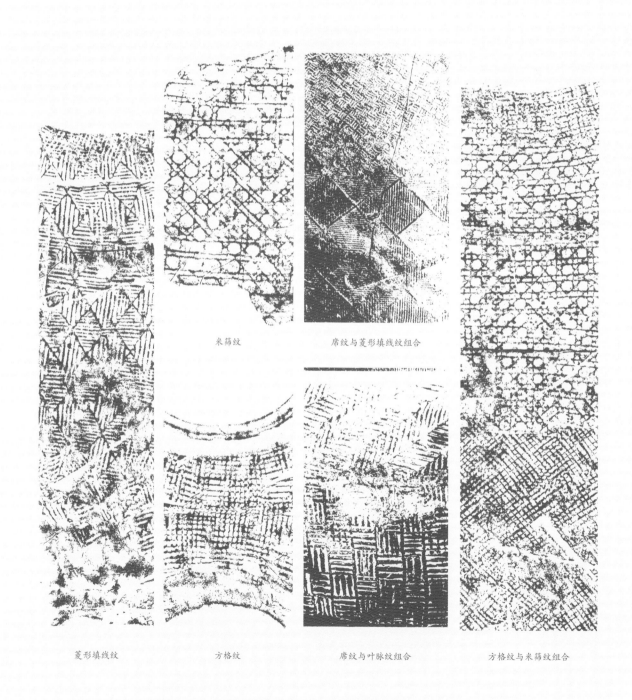

米筛纹　　　　　　席纹与菱形填线纹组合

菱形填线纹　　　　　方格纹　　　　席纹与叶脉纹组合　　　方格纹与米筛纹组合

典型墓例萧山柴岭山 D29M1 出土
器物组合

春秋中期
2011 年杭州市萧山区柴岭山 D29M1 出土
现藏杭州市文物考古研究所

原始瓷碗
⊙ D29M1:25
⊙ 口径 10.5、底径 4.8、高 2.9 厘米

原始瓷碗
⊙ D29M1:26
⊙ 口径 10.7、底径 5.4、高 3.5 厘米

原始瓷碗
⊙ D29M1:36
⊙ 口径 7.9、底径 4.7、高 2.6 厘米

原始瓷盂
⊙ D29M1:16
⊙ 口径 8.5、底径 4.9、高 3.4 厘米

D29M1:25

D29M1:26

D29M1:36

D29M1:16

原始瓷盂

⊙ D29M1:7

⊙ 口径 11.1、底径 7.1、高 3.2 厘米

原始瓷盂

⊙ D29M1:17

⊙ 口径 8.9、底径 6.5、高 2.7 厘米

原始瓷盂

⊙ D29M1:13

⊙ 口径 8.6、底径 5.4、高 2.9 厘米

原始瓷盅式碗

⊙ D29M1:33

⊙ 口径 12.9、底径 6.8、高 6.9 厘米

印纹硬陶扁鼓腹罐

⊙ D29M1:1

⊙ 口径 7.9、底径 10.6、腹径 13.6、高 8.1 厘米

印纹硬陶双耳鼓腹罐

⊙ D29M1:4

⊙ 口径 11.8、底径 9.2、腹径 14.9、高 9.9 厘米

D29M1:7

D29M1:33

D29M1:17

D29M1:13

D29M1:1

印纹硬陶扁鼓腹罐

⊙ D29M1：45

⊙ 口径 8.1、底径 7.6、腹径 13.3、高 8.5 厘米

印纹硬陶鼓腹罐

⊙ D29M1：29

⊙ 口径 9.5、底径 11.7、腹径 15.4、高 11.1 厘米

印纹硬陶鼓腹罐

⊙ D29M1：30

⊙ 口径 10.5、底径 11.6、腹径 16.4、高 12.6 厘米

D29M1：4

D29M1：29

D29M1：45

D29M1：30

印纹硬陶溜肩坛

⊙ D29M1：31

⊙ 口径 14.9、底径 16、腹径 26.4、高 26 厘米

印纹硬陶圆肩坛

⊙ D29M1：35

⊙ 口径 20.7、底径 17.7、高 35.4 厘米

D29M1：31

D29M1：35

原始瓷碗

⊙ 春秋中期

⊙ D15M2：3

⊙ 1984 年嘉兴市海宁市夹山 D15 出土

⊙ 口径 13.6、底径 8、高 6.5 厘米

⊙ 现藏浙江省文物考古研究所

（摄影：李永加）

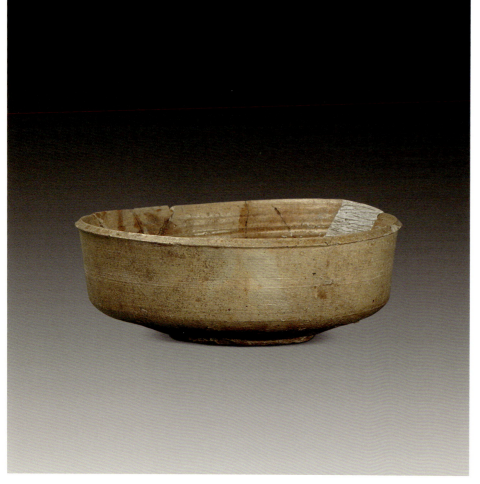

原始瓷碗

⊙ 春秋中期

⊙ D8：6

⊙ 1984 年嘉兴市海宁市夹山 D8 出土

⊙ 口径 12.8、底径 5.9、高 4.8 厘米

⊙ 现藏浙江省文物考古研究所

（摄影：李永加）

原始瓷碗

- 春秋中期
- D8：11
- 1984 年嘉兴市海宁市夹山 D8 出土
- 口径 12.4、底径 6.3、高 4.2 厘米
- 现藏浙江省文物考古研究所

（摄影：李永加）

原始瓷碗

- 春秋中期
- D8：41
- 杭州市萧山区新塘街道涝湖村长山 D8 出土
- 口径 12.4、底径 6.3、高 4.2 厘米
- 现藏杭州市萧山区博物馆

（摄影：李永加）

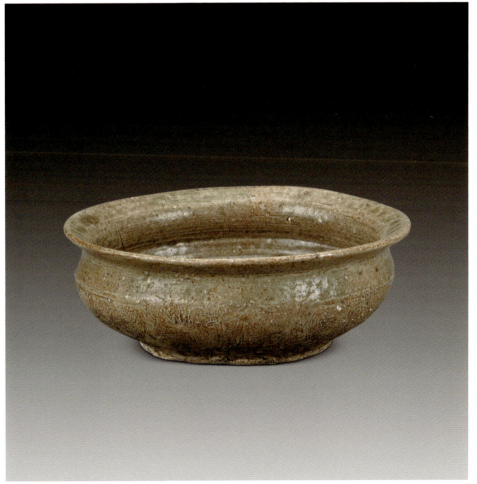

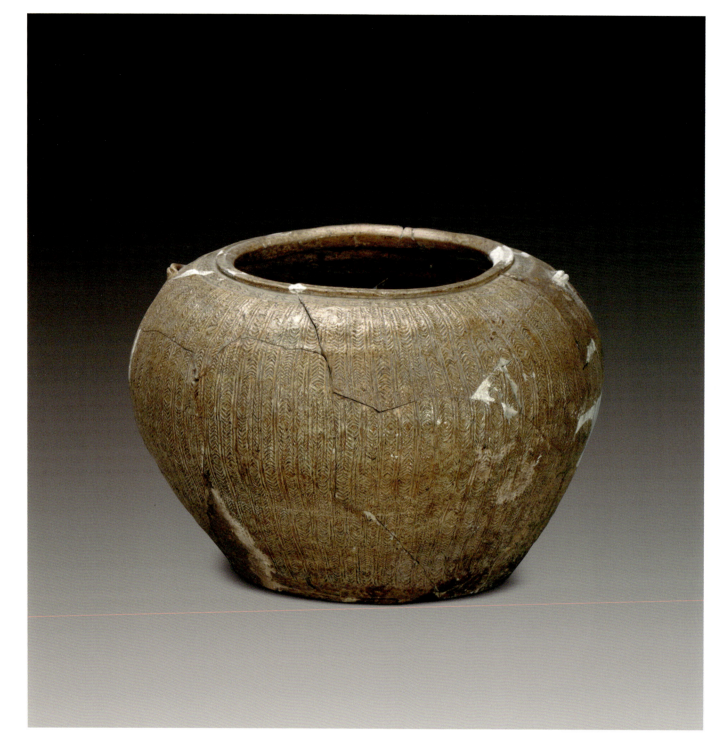

原始瓷鼓腹罐

⊙ 春秋中期

⊙ D406 ① : 20

⊙ 1982 年湖州市长兴县李家巷镇便山 D406 出土

⊙ 口径 16.4、底径 16.2、高 17.4 厘米

⊙ 现藏浙江省文物考古研究所

（摄影：李永加）

原始瓷肩鼓腹罐

⊙ 春秋中期

⊙ D5M1：6、22 拼合

⊙ 1999 年湖州市德清县洛舍镇独仓山
  D5M1 出土

⊙ 口径 12.5、底径 10.5、高 9.5 厘米

⊙ 现藏德清县博物馆

（摄影：李永加）

印纹硬陶垂腹罐

⊙ 春秋中期

⊙ D5M4：1

⊙ 1989 年湖州市长兴县石狮村 D5M1
  出土

⊙ 口径 15、底径 17.5、高 20 厘米

⊙ 现藏浙江省文物考古研究所

（摄影：李永加）

印纹硬陶溜肩坛

⊙ 春秋中期

⊙ 296-67

⊙ 湖州市长兴县长兴港工程中下莘桥出土

⊙ 口径 20.7、底径 18、腹径 35.1、高 45 厘米

⊙ 现藏长兴县博物馆

（摄影：李永加）

印纹硬陶溜肩坛

⊙ 春秋中期
⊙ D15M1：5
⊙ 1984 年嘉兴市海宁市夹山 D15M1 出土
⊙ 口径 21.7、底径 24.4、腹径 39.6、高 44.4 厘米
⊙ 现藏浙江省文物考古研究所

（摄影：李永加）

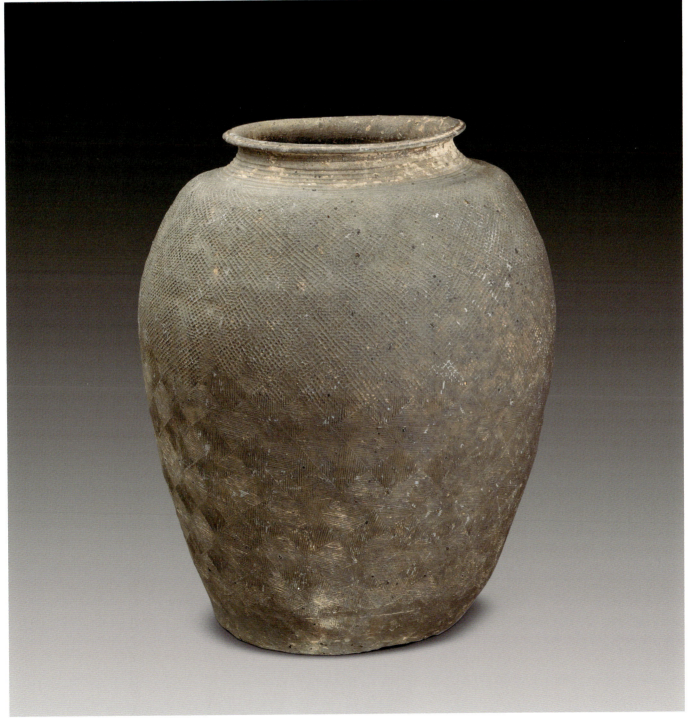

印纹硬陶圆肩坛

⊙ 春秋中期

⊙ D15M1:6

⊙ 1984 年嘉兴市海宁市夹山 D15M1 出土

⊙ 口径 23、底径 20.8、腹径 38、高 44.3 厘米

⊙ 现藏浙江省文物考古研究所

（摄影：李永加）

春秋晚期

印纹硬陶器类多见坛、罐，纹饰只有米筛纹、大方格纹、席纹和多重回字加 X 纹，流行一器拍印一种纹饰。米筛纹双线变窄、变细，席纹为小方格填横或竖线，填线较方格线浅细，多重回字加 X 纹的回字重数变少。

原始瓷胎釉结合好，器类非常单一，多见碗，碗腹壁增高，腹底交接处折痕明显，有些口部为子口，带圆饼形盖。

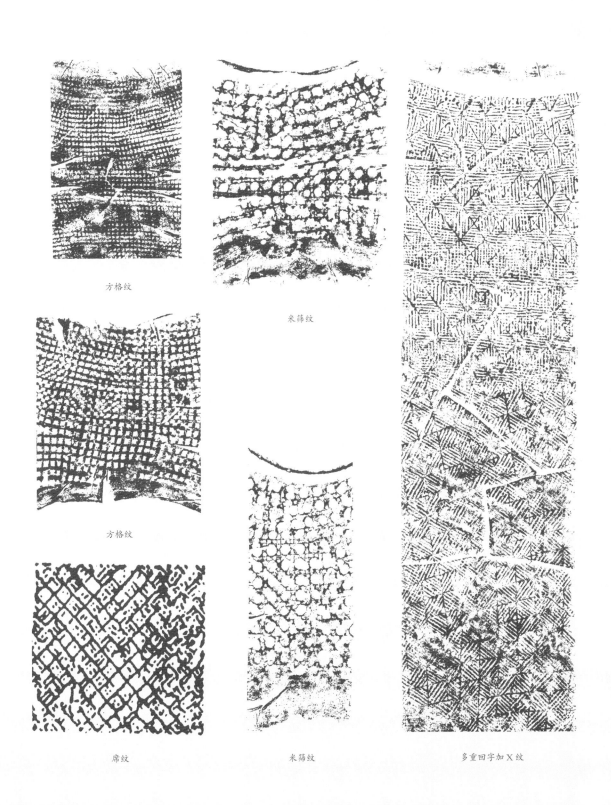

方格纹

米筛纹

方格纹

席纹

米筛纹

多重回字加 X 纹

典型墓例德清独仓山 D8M1 出土器物组合

春秋晚期
1999 年湖州市德清县独仓山 D8M1 出土
现藏浙江省文物考古研究所

原始瓷盅式碗
⊙ D8M1：9
⊙ 口径 7.6、底径 4、高 4.3 厘米

印纹硬陶鼓肩罐
⊙ D8M1：3
⊙ 口径 10.2、底径 11.7、高 11 厘米

印纹硬陶鼓腹罐
⊙ D8M1：4
⊙ 口径 10.2、底径 11.4、高 13.6 厘米

印纹硬陶鼓腹罐
⊙ D8M1：5
⊙ 口径 9.6、底径 10.8、高 11.1 厘米

印纹硬陶圆鼓肩坛
⊙ D8M1：2
⊙ 口径 16、底径 18、高 35.5 厘米

D8M1：2

D8M1:5

D8M1:9

D8M1:3

D8M1:4

原始瓷盅式盖碗

⊙ 春秋晚期

⊙ D497 下：17

⊙ 1982 年湖州市长兴县李家巷镇便山 D497 出土

⊙ 口径 11.4、底径 6.2、高 6.3 厘米

⊙ 现藏浙江省文物考古研究所

（摄影：李永加）

原始瓷盅式碗

⊙ 春秋晚期

⊙ D9：11

⊙ 1999 年湖州市德清县洛舍镇独仓山
  D9M2 出土

⊙ 口径 10、底径 5.8、高 5.2 厘米

⊙ 现藏德清县博物馆

（摄影：李永加）

印纹硬陶圆肩坛

◎ 春秋中晚期

◎ 5793-854

◎ 2005 年湖州市长兴县小浦镇炮头山出土

◎ 口径 18.9、底径 21、腹径 36.8、高 43.2 厘米

◎ 现藏长兴县博物馆

（摄影：李永如）

印纹硬陶圆肩坛

- 春秋中晚期
- 5791-852
- 2005 年湖州市长兴县小浦镇炮头山出土
- 口径 18.6、底径 18.5、腹径 34、高 38.4 厘米
- 现藏长兴县博物馆

（摄影：李永加）

印纹硬陶鼓肩罐

⊙ 春秋晚期

⊙ D6M1∶10

⊙ 2004 年湖州市长兴县和平镇龙潭山 D6 出土

⊙ 口径 20.8、底径 22、腹径 35.4、高 29.2 厘米

⊙ 现藏长兴县博物馆

（摄影：李永加）

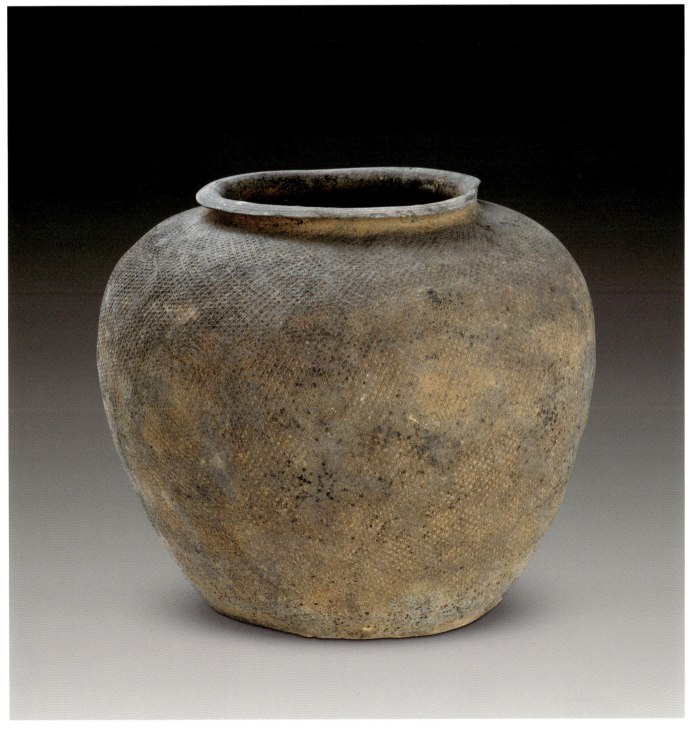

印纹硬陶鼓腹罐

⊙ 春秋晚期

⊙ M14:1

⊙ 2003 年申苏浙皖高速公路横山段出土

⊙ 口径 19.2、底径 16.7、腹径 32.8、高 31.5 厘米

⊙ 现藏长兴县博物馆

（摄影：李永加）

印纹硬陶鼓肩罐

⊙ 春秋晚期

⊙ D8:4

⊙ 1984 年嘉兴市海宁市夹山 D8 出土

⊙ 口径 22.2、底径 22.3、腹径 37.6、高 30 厘米

⊙ 现藏浙江省文物考古研究所

（摄影：李永加）

战国时期

战国时期印纹硬陶的器类和纹饰则都进入衰退期，器类只有高大的坛、罐等，纹饰种类早期有小方格纹、麻布纹、回字加 X 纹，战国中期则只有米字纹和少量的麻布纹。战国早中期，越国国力强盛，出现了大量仿铜原始瓷礼器（见战国礼器部分），原始瓷的生产工艺、技术达到顶峰。至战国中晚期，楚败越，越国国力衰退，原始瓷生产也随之衰落。

平水家家坞小家山 M17 墓穴器物（局部）

战国早期

战国早期，印纹硬陶主要有坛、矮直领罐、麻布纹罐等。有些坛的口部为卷沿（方格纹坛），领部较短，广肩，肩宽与器高的比值较大；麻布纹罐为敛口，垂腹，最大径在下腹部，有的底附三乳足。纹饰种类有小方格纹、麻布纹、多层回字加X纹、回字加X纹等。原始瓷主要有鼎、甬钟、镈钟、句鑃、镈于、磬、鉴、盘、盆、匜等仿铜礼乐器（见战国礼器部分），另有少量碗、罐等生活用器。纹饰有S形云雷纹、粗壮的竖向瓦楞纹，少量罐的肩部贴纤细的横向S形泥塑。

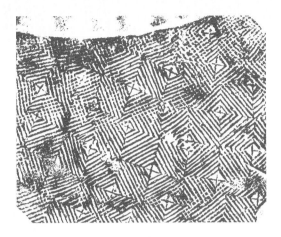

春秋末至战国初
多重回字加X纹

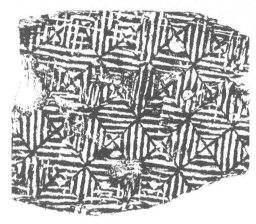

战国早期早段
多重回字加X纹（重数变少）

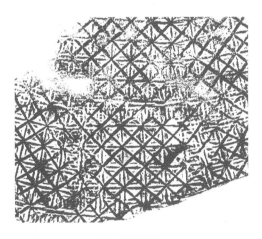

战国早期晚段
回字加X纹

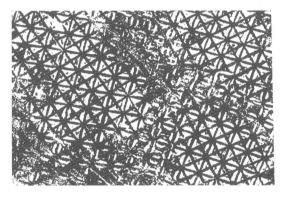

战国早期晚段
回字加X纹（内框线不清晰）

战国早期
粗瓦楞纹

战国早期
麻布纹

原始瓷盂式碗

⊙ 战国早期

⊙ 0917-3

⊙ 1995 年绍兴市柯桥区福全镇洪家墩村出土

⊙ 口径 13、底径 7、高 6 厘米

⊙ 现藏绍兴市柯桥区文化发展中心

（摄影：李永加）

原始瓷盂式碗

⊙ 战国早期

⊙ D0061

⊙ 2011 年绍兴市越城区富盛镇出土

⊙ 口径 21.5、底径 12.5、高 12 厘米

⊙ 现藏绍兴博物馆

（摄影：李永加）

原始瓷盅式碗

⊙ 战国早期

⊙ DQLSM1：6

⊙ 2008 年湖州市德清县梁山战国墓出土

⊙ 口径 10.4、底径 5.8、高 7.5 厘米

⊙ 现藏浙江省文物考古研究所

（摄影：李永加）

原始瓷盒

- 战国早期
- 1254-2
- 2001 年绍兴市柯桥区平水镇桃园里
  出土
- 口径 12.5、底径 11、高 13.5 厘米
- 现藏绍兴市柯桥区文化发展中心

（摄影：李永加）

原始瓷广肩鼓腹罐

- 战国早期
- 0069
- 1984 年绍兴市越城区鉴湖镇上谢墅村
  出土
- 口径 11.1、底径 14、高 14.2 厘米
- 现藏绍兴市柯桥区文化发展中心

（摄影：李永加）

原始瓷广肩鼓腹罐

⊙ 战国早期

⊙ 1577

⊙ 2002 年绍兴市柯桥区漓渚镇小步村
出土

⊙ 口径 13、底径 12、高 14.6 厘米

⊙ 现藏绍兴市柯桥区文化发展中心

（摄影：李永加）

原始瓷鼓肩罐

⊙ 战国早期

⊙ 0188

⊙ 1991 年绍兴市上虞区出土

⊙ 口径 13、底径 9.9、高 17 厘米

⊙ 现藏绍兴市上虞区博物馆

（摄影：李永加）

原始瓷匜形罐

⊙ 战国早期

⊙ D1401

⊙ 湖州市德清县新市镇邱庄战国墓出土

⊙ 口径 15.3、底径 12.2、高 16.6 厘米

⊙ 现藏德清县博物馆

（摄影：李永加）

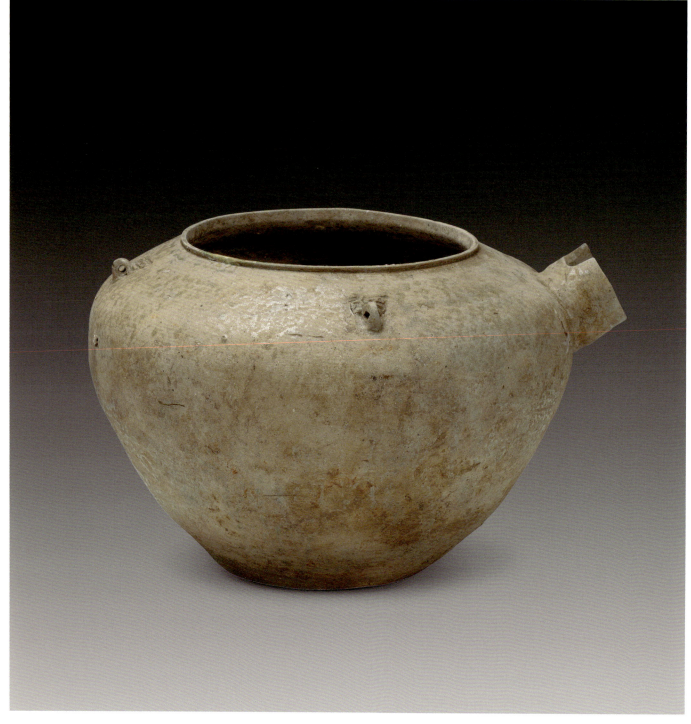

原始瓷扁鼓腹罐

⊙ 战国早期

⊙ 1984 年绍兴市上虞区严村凤凰山战国墓
出土

⊙ 口径 9.4、底径 11.2、高 12.9 厘米

⊙ 现藏绍兴市上虞区博物馆

（摄影：李永加）

原始瓷敛口垂腹罐

⊙ 战国早期

⊙ M5：17

⊙ 1992 年绍兴市上虞区周家山战国墓出土

⊙ 口径 7.9、底径 11.8、高 13.6 厘米

⊙ 现藏绍兴市上虞区博物馆

（摄影：李永加）

印纹硬陶单鋬扁鼓腹罐

⊙ 战国早期

⊙ 1175

⊙ 2000 年绍兴市柯桥区平水镇中灶村出土

⊙ 口径 6.9、腹径 8、高 8.3 厘米

⊙ 现藏绍兴市柯桥区文化发展中心

（摄影：李永加）

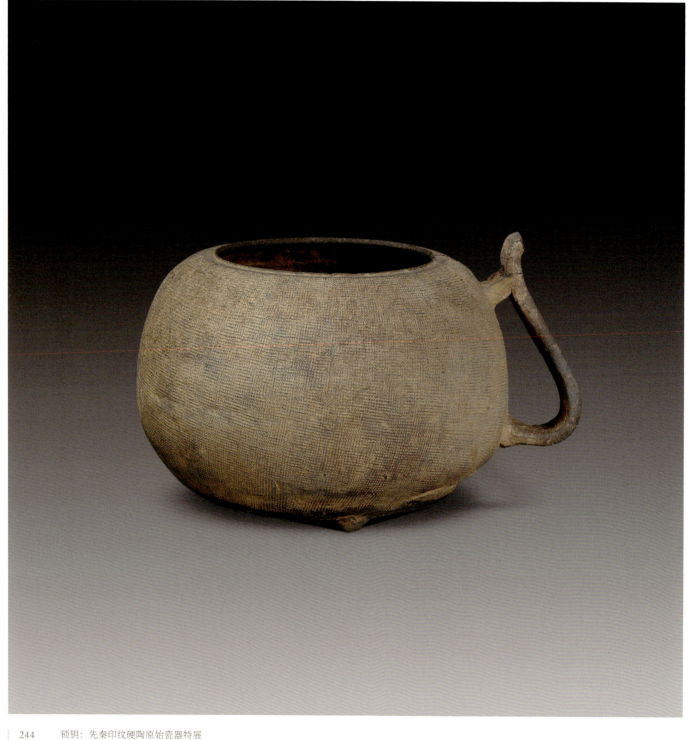

印纹硬陶双鋬弧腹罐

⊙ 战国早期

⊙ 3∶880

⊙ 1989 年绍兴市越城区塔山街道出土

⊙ 口径 6.5、底径 6、腹径 9.4、高 8 厘米

⊙ 现藏绍兴博物馆

（摄影：李永加）

印纹硬陶扁鼓腹罐

⊙ 战国早期

⊙ 2421

⊙ 2008 年绍兴市柯桥区出土

⊙ 口径 7.1、底径 9.9、高 11.3 厘米

⊙ 现藏绍兴市柯桥区文化发展中心

（摄影：李永加）

印纹硬陶鼓肩坛

⊙ 战国早期

⊙ 3∶371

⊙ 1973 年绍兴市柯桥区平水镇平水江寒溪山出土

⊙ 口径 20.3、底径 17、腹径 33.7、高 41 厘米

⊙ 现藏绍兴博物馆

（摄影：李永加）

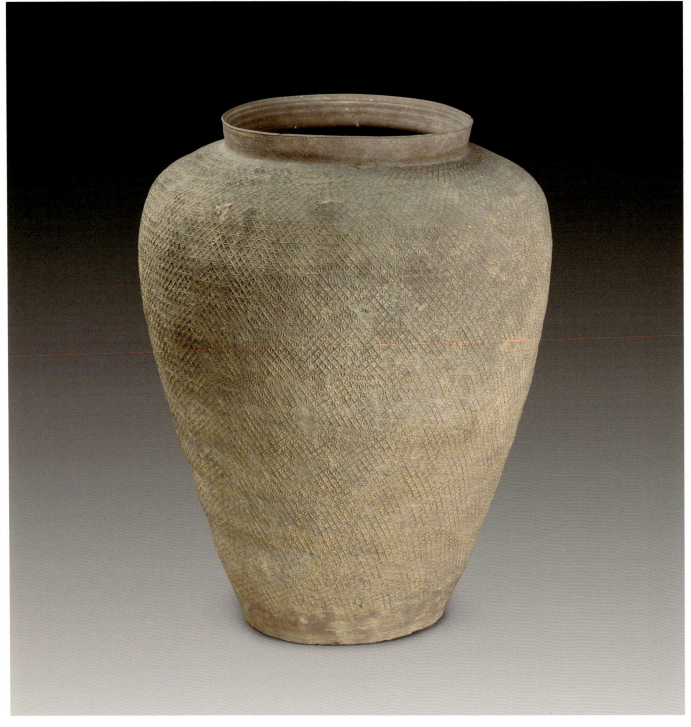

印纹硬陶鼓肩坛

⊙ 战国早期

⊙ 1508-9

⊙ 2001 年绍兴市柯桥区兰亭街道阮江村出土

⊙ 口径 18.5、底径 13、高 30.7 厘米

⊙ 现藏绍兴市柯桥区文化发展中心

（摄影：李永加）

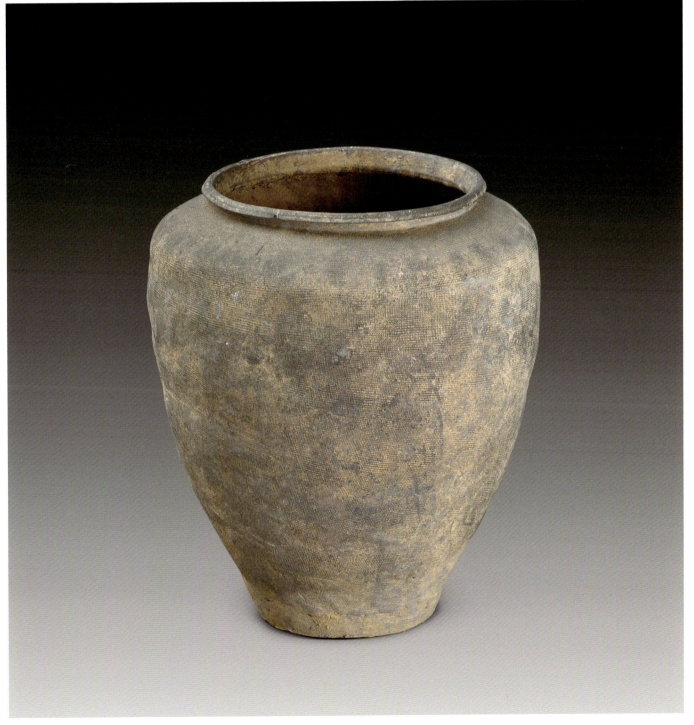

印纹硬陶鼓肩坛

⊙ 战国早期

⊙ 3:326

⊙ 1977 年绍兴市越城区鉴湖镇坡塘村出土

⊙ 口径 18、底径 16、腹径 30.5、高 35.5 厘米

⊙ 现藏绍兴博物馆

（摄影：李永加）

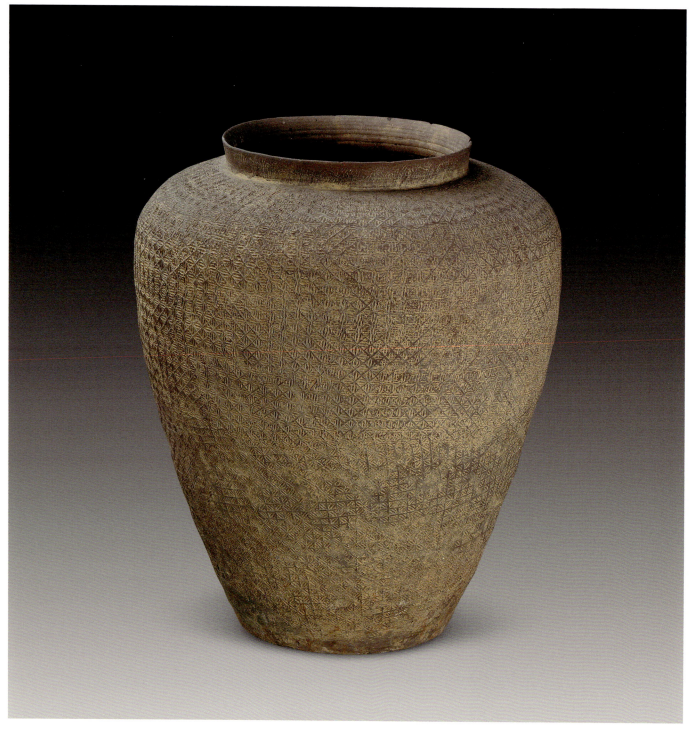

印纹硬陶鼓肩罐

⊙ 战国早期

⊙ M13：65

⊙ 2005 年绍兴市嵊州市甘霖镇小黄山战国墓
　出土

⊙ 口径 14、底径 13.5、高 16.6 厘米

⊙ 现藏浙江省文物考古研究所

（摄影：李永加）

印纹硬陶鼓肩罐

⊙ 战国早期

⊙ 3：97

⊙ 1982 年绍兴市越城区鉴湖镇坡塘村狮子山出土

⊙ 口径 14.5、底径 12.1、腹径 17.5、高 10.6 厘米

⊙ 现藏绍兴博物馆

（摄影：李永加）

战国中期

战国中期，印纹硬陶器类同前期。坛的领部较长，圆鼓肩，肩宽与器高的比值变小，器形显得修长；麻布纹罐为敛口，微鼓腹，最大径在中腹部。纹饰只有口字加 X 纹（四个口字加 X 纹就构成以往所说的典型米字纹）和少量的麻布纹。原始瓷的器类还同前期，纹饰中，S 形云雷纹少见，竖向瓦楞纹变细，新出现 C 形纹。

战国中期晚段到晚期，楚败越，越国国力衰退，原始瓷生产也随之衰落，原始瓷礼器被仿铜陶礼器所取代。

战国中、晚期
细瓦楞纹

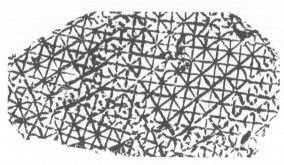

战国中、晚期
口字加 X 纹

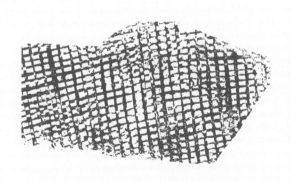

战国早、中期
小方格纹

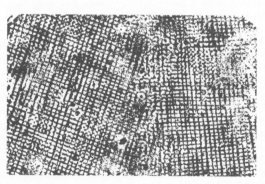

战国中、晚期
麻布纹

原始瓷碗

⊙ 战国中期

⊙ M1 : 7

⊙ 2011 年绍兴市柯桥区平水镇四丰村
　祝家山 M1 出土

⊙ 口径 11、底径 5.4、高 5.6 厘米

⊙ 现藏绍兴市柯桥区文化发展中心

（摄影：李永加）

原始瓷盒

⊙ 战国中期

⊙ 775-1

⊙ 1992 年绍兴市越城区皋埠镇出土

⊙ 口径 10.6、底径 5、通高 7.6 厘米

⊙ 现藏绍兴市柯桥区文化发展中心

（摄影：李永加）

原始瓷圆折肩罐

⊙ 战国中期

⊙ 2006 年绍兴市上虞区出土

⊙ 口径 9.5、底径 9.1、高 13.1 厘米

⊙ 现藏绍兴市上虞区博物馆

（摄影：李永加）

原始瓷鼓肩罐

⊙ 战国中期

⊙ 126

⊙ 1986 年绍兴市柯桥区平水镇大桥村出土

⊙ 口径 10、底径 11.5、高 13 厘米

⊙ 现藏绍兴市柯桥区文化发展中心

（摄影：李永加）

原始瓷鼓肩罐

⊙ 战国中期

⊙ M11：2

⊙ 2012 年绍兴市柯桥区平水镇蔡家岙小家山战国墓出土

⊙ 口径 11.9、底径 11.4、高 15 厘米

⊙ 现藏浙江省文物考古研究所

（摄影：李永加）

原始瓷鼓肩罐

⊙ 战国中期

⊙ 7470

⊙ 杭州市滨江区长河镇出土

⊙ 口径 14、底径 13.3、腹径 26.5、高 18.8 厘米

⊙ 现藏杭州市萧山区博物馆

（摄影：李永加）

原始瓷鼓肩罐

⊙ 战国中期

⊙ 4298-4-777

⊙ 2000 年杭州市余杭区顾家埠村石马斗出土

⊙ 口径 19、底径 16、腹径 32.2、高 21.7 厘米

⊙ 现藏杭州市余杭区博物馆

（摄影：李永加）

印纹硬陶鼓肩罐

⊙ 战国中期

⊙ M20（下）:8

⊙ 2012 年绍兴市柯桥区平水镇蔡家岙小家山战国墓出土

⊙ 口径 12.1、底径 10.8、高 14.4 厘米

⊙ 现藏浙江省文物考古研究所

（摄影：李永如）

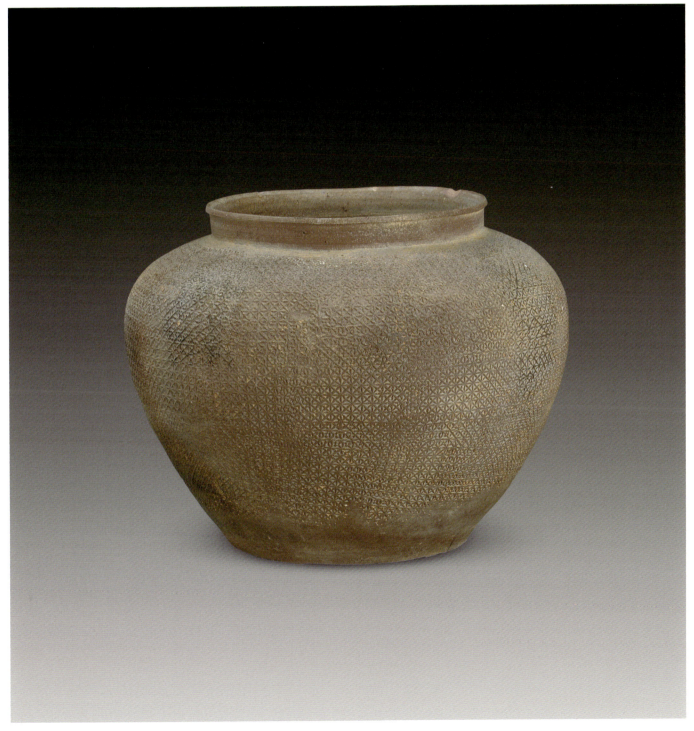

印纹硬陶鼓肩坛

⊙ 战国中期

⊙ 3:669

⊙ 绍兴市区出土

⊙ 口径 16.5、底径 14、腹径 26、高 37.2 厘米

⊙ 现藏绍兴博物馆

（摄影：李永加）

印纹硬陶鼓肩坛

⊙ 战国中期

⊙ 4313-3-1047

⊙ 2000 年杭州市余杭区顾家埠村石马斗出土

⊙ 口径 14.8、底径 14.7、腹径 27.7、高 33.8 厘米

⊙ 现藏杭州市余杭区博物馆

（摄影：李永加）

藏礼于器

⊙『夫礼，天之经也，地之义也，民之形也』，『国之干也』。礼是中国传统文化的重要内涵，礼制是维系国家统治的核心制度之一，是维系社会秩序的重要手段，是『经国家，定社稷』的重要工具。

史书关于越国礼制的记载阙如，『礼失求诸野』，『器以藏礼』，礼器是礼乐制度的物化形式。通过考察越国礼器，证明越国礼制经历了起源、发展、变革三个发展历程，《荀子·礼论》：『礼者，以财务为用，以贵贱为文，以多少为异，以隆杀为要』，礼是社会经济发展到一定程度的产物，越国礼制的三个发展历程也是越立国、发展、鼎盛争霸三部曲的反映。

西周越礼

从考古发现来看，西周早期越国开始了对礼制的探索，出现了原始瓷簋、盉、尊、豆、杯、印纹硬陶尊、云雷纹罐、瓿等礼器。西周中期，原始瓷礼器基本与早期相同，新出现束腰簋、桶形罐。抛弃了印纹硬陶云雷纹罐、瓿，新出现精美的带座扉棱簋。西周晚期，原始瓷及印纹硬陶礼器种类均变少，原始瓷礼器只有尊、盉、桶形器，托盘等，印纹硬陶礼器则只有尊一类。该时期是越国礼制的滥觞期，也是越立国之时。

文献所载越与西周关系：

《今本竹书纪年》（周成王二十四年）："于越来宾。"

《逸周书·王会解》（成王二十五年）："成周之会……于越纳，姑妹珍。"

《艺文类聚》卷七十一《舟车部》："《周书》曰：'周成王时，于越献舟。'"

《尚书·顾命》："成王将崩……越玉五重，陈宝、赤刀、大训、弘璧、琬琰，在西序。"

《论衡·超奇篇》："白雉贡于越，畅草献于宛。"

《论衡·异虚篇》："周时，天下太平、越尝献雉于周公。"

典型墓例安吉上马山 D90M1 出土器物组合

西周早期

2009 年湖州市安吉县上马山 D90M1 出土

现藏浙江省文物考古研究所

敛口豆
⊙ D90M1:11
⊙ 口径 11、足径 6.2、高 6.1 厘米

敛口豆
⊙ D90M1:19
⊙ 口径 15、足径 7.8、高 9.6 厘米

盘口尊
⊙ D90M1:31
⊙ 口径 9.8、残高 6 厘米

折腹小尊
⊙ D90M1:32
⊙ 口径 12.2、足径 6、高 9.5 厘米

杯
⊙ D90M1:35
⊙ 口径 6.7、足径 6.3、高 8.7 厘米

敛口盂
⊙ D90M1:34
⊙ 口径 8.4、足径 6.4、高 5.1 厘米

侧把盂
⊙ D90M1:30
⊙ 足径 7.9、腹径 12、高 11 厘米

敞口小罐
⊙ D90M1:29
⊙ 口径 12.5、足径 8.4、高 9.3 厘米

D90M1:11

D90M1:19

D90M1:34

D90M1:29

D90M1：35

D90M1：31

D90M1：30

D90M1：32

原始瓷豆

⊙ 西周早期

⊙ D5：3

⊙ 2010 年湖州市德清县小紫山 D5 出土

⊙ 口径 9.2、足径 7.9、高 10 厘米

⊙ 现藏浙江省文物考古研究所

（摄影：李永加）

原始瓷豆

⊙ 西周早期

⊙ D17M4∶5

⊙ 2011 年杭州市萧山区柴岭山 D17M4 出土

⊙ 口径 15.6、足径 8.1、高 7 厘米

⊙ 现藏杭州市萧山区博物馆

（摄影：李永加）

原始瓷盘口折腹尊

⊙ 西周早期

⊙ D3M1：3

⊙ 1999 年湖州市德清县洛舍镇独仓山 D3M1 出土

⊙ 口径 14.4、足径 7、高 14 厘米

⊙ 现藏德清县博物馆

（摄影：李永加）

原始瓷折腹小尊

- ⊙ 西周早期
- ⊙ 1816-4-182
- ⊙ 1983 年杭州市余杭区临平公园出土
- ⊙ 口径 11.9、足径 6.5、高 9 厘米
- ⊙ 现藏杭州市余杭区博物馆

（摄影：李永加）

原始瓷大口折腹尊

⊙ 西周早期

⊙ 2215-4-255

⊙ 1984 年杭州市余杭区临平北山出土

⊙ 口径 13.3、足径 8.6、高 12.3 厘米

⊙ 现藏杭州市余杭区博物馆

（摄影：李永加）

原始瓷折腹尊

⊙ 西周早期

⊙ 江地（平）3:1

⊙ 1979 年江山市峡口镇地山岗村平天塘出土

⊙ 口径 23.4、足径 15、高 21.6 厘米

⊙ 现藏江山市博物馆

（摄影：李永加）

原始瓷尊

⊙ 西周早期

⊙ 1246

⊙ 1979 年江山市峡口镇地山岗村采集

⊙ 口径 19.8、足径 10.8、腹径 23.2、
高 19 厘米

⊙ 现藏江山市博物馆

（摄影：李永加）

原始瓷侧把盉

⊙ 西周早期

⊙ 10769

⊙ 1983 年衢州市衢江区浮石街道松园村
出土

⊙ 足径 8.6、高 12 厘米

⊙ 现藏衢州市博物馆

（摄影：李永加）

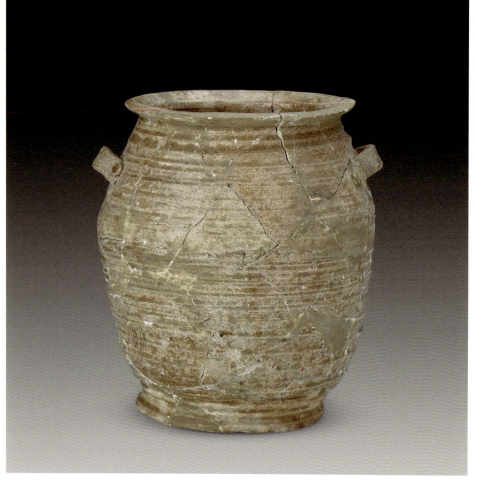

原始瓷双耳深腹罐

⊙ 西周早期

⊙ 12720

⊙ 1983 年衢州市衢江区云溪乡西山村
大墩顶出土

⊙ 口径 12、足径 10.5、腹径 15、
高 16.5 厘米

⊙ 现藏衢州市博物馆

（摄影：李永加）

原始瓷敞口罐

⊙ 西周早期

⊙ 10762

⊙ 1983 年衢州市衢江区浮石街道松园村
　出土

⊙ 口径 7.2、足径 6.4、高 8.2 厘米

⊙ 现藏衢州市博物馆

（摄影：李永加）

原始瓷敞口小罐

- 西周早期
- 10760
- 1983 年衢州市衢江区浮石街道松园村
  出土
- 口径 8.3、足径 6.5、高 6.8 厘米
- 现藏衢州市博物馆

（摄影：李永加）

原始瓷敞口小罐

- 西周早期
- 5968-769
- 2006 年湖州市长兴县渚山 D1 采集
- 口径 9、足径 7.3、高 7.6 厘米
- 现藏长兴县博物馆

（摄影：李永加）

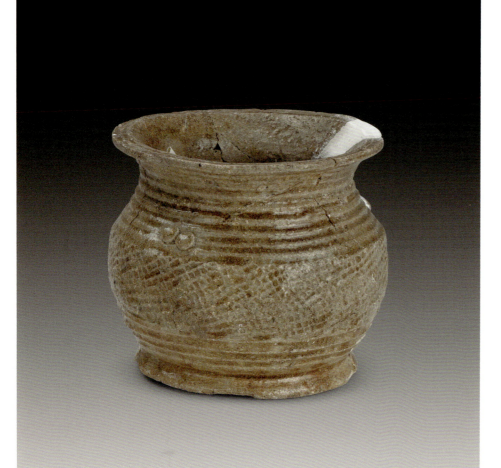

印纹硬陶尊

⊙ 西周早期

⊙ 12982

⊙ 1991 年衢州市衢江区云溪乡程家山村
　土墩墓出土

⊙ 口径 13.9、足径 11、高 14.4 厘米

⊙ 现藏衢州市博物馆

（摄影：李永加）

原始瓷侧把盉

- ⊙ 西周早中期
- ⊙ 12589
- ⊙ 1982 年衢州市衢江区云溪乡西山村大石塔土墩墓出土
- ⊙ 足径 8.2、高 11.8 厘米
- ⊙ 现藏衢州市博物馆

（摄影：李永加）

原始瓷提梁盉

⊙ 西周中期

⊙ D26M1：31

⊙ 2011 年杭州市萧山区柴岭山 D26M1 出土

⊙ 口径 9、足径 8.4、腹径 12.2、高 9.6 厘米

⊙ 现藏杭州市萧山区博物馆

（摄影：李永加）

原始瓷簋

⊙ 西周中期

⊙ D20M2：10

⊙ 2011 年杭州市萧山区柴岭山 D20M2 出土

⊙ 口径 4.3、足径 4.7、高 5.3 厘米

⊙ 现藏杭州市萧山区博物馆

（摄影：李永加）

原始瓷豆

⊙ 西周中期
⊙ D8M2∶1
⊙ 1999 年湖州市德清县洛舍镇独仓山 D8M2 出土
⊙ 口径 8.4、足径 4.4、高 5 厘米
⊙ 现藏浙江省文物考古研究所

（摄影：李永加）

原始瓷豆

⊙ 西周中期

⊙ D8M2：7

⊙ 1999 年湖州市德清县洛舍镇独仓山 D8M2 出土

⊙ 口径 10.8、足径 5、高 4.3 厘米

⊙ 现藏浙江省文物考古研究所

（摄影：李永加）

原始瓷豆

原始瓷盘口小尊

⊙ 西周中期

⊙ D2M1：17

⊙ 1999 年湖州市德清县洛舍镇独仓山 D2M1 出土

⊙ 口径 16.2、足径 10.5、高 12.3 厘米

⊙ 现藏德清县博物馆

（摄影：李永加）

原始瓷盘口小尊

- 西周中期
- 10751
- 1983 年衢州市衢江区浮石街道松园村出土
- 口径 13.7、足径 15.7、高 23 厘米
- 现藏衢州市博物馆

（摄影：李来加）

原始瓷托盘

⊙ 西周中期

⊙ 5973-772

⊙ 湖州市长兴县雉城镇陈母墓岭东 D1M1
出土

⊙ 口径 22.5、底径 12.2、高 8.3 厘米

⊙ 现藏长兴县博物馆

（摄影：李永加）

原始瓷托盘

⊙ 西周中期

⊙ D2M1：19

⊙ 1999 年湖州市德清县洛舍镇独仓山 D2M1 出土

⊙ 口径 26、足径 13.4、高 6 厘米

⊙ 现藏德清县博物馆

（摄影：李永加）

印纹硬陶圈足簋

⊙ 西周中期

⊙ D3M2：12

⊙ 2011 年湖州市长兴县夏家庙 D3M2 出土

⊙ 口径 11.5、足径 13.7、腹径 16.2、高 12.5 厘米

⊙ 现藏浙江省文物考古研究所

（摄影：李永加）

印纹硬陶簋

⊙ 西周中期

⊙ 4554-455

⊙ 2002 年湖州市长兴县煤山镇下齐岭墓葬出土

⊙ 口径 16、底径 12.6、腹径 19.6、高 16.6 厘米

⊙ 现藏长兴县博物馆

（摄影：李永加）

印纹硬陶簋

⊙ 西周中期

⊙ 4531-430

⊙ 2002 年湖州市长兴县煤山镇下齐岭墓葬出土

⊙ 口径 15.2、底径 17.6、腹径 23.2、高 17.8 厘米

⊙ 现藏长兴县博物馆

（摄影：李永加）

印纹硬陶尊

⊙ 西周中期

⊙ 4546-445

⊙ 2002 年湖州市长兴县煤山镇下齐岭墓葬出土

⊙ 口径 13.8、底径 13、腹径 17.4、高 12.8 厘米

⊙ 现藏长兴县博物馆

（摄影：李永加）

印纹硬陶尊

⊙ 西周中期

⊙ 4522-421

⊙ 2002 年湖州市长兴县煤山镇下齐岭墓葬出土

⊙ 口径 15.6、足径 12、高 15.9 厘米

⊙ 现藏长兴县博物馆

（摄影：李永加）

原始瓷双耳瓶

⊙ 西周中晚期

⊙ 5974-773

⊙ 2006 年湖州市长兴县雉城镇渚山村陈母墓岭出土

⊙ 口径 5.3、足径 7.5、腹径 9.6、高 17.5 厘米

⊙ 现藏长兴县博物馆

（摄影：李永加）

原始瓷带甑壶

⊙ 西周中晚期

⊙ 5972-771

⊙ 2006 年湖州市长兴县雉城镇渚山村陈母墓岭出土

⊙ 口径 10.9、足径 10、高 10.9 厘米

⊙ 现藏长兴县博物馆

（摄影：李永加）

原始瓷圈足盘

⊙ 西周晚期

⊙ D1：24

⊙ 1984 年嘉兴市海宁市夹山 D1 出土

⊙ 口径 17.9、足径 12.7、高 6.2 厘米

⊙ 现藏浙江省文物考古研究所

（摄影：李永加）

春秋越礼

《管子·轻重甲》桓公曰："天下之国，莫强于越。"春秋早中期，越国的国力开始强盛，对礼制的追求也达到新的高度，形成了鼎、尊、卣、桶形罐、盘等的礼器组合，出现烧制原始瓷礼器的窑址。印纹硬陶礼器已经不见。春秋中晚期，越国沦为楚、吴的贡赋之国，国力稍弱，考古发现之礼器少见。

文献记载的越与楚、吴关系：

《史记·楚世家》：楚成王元年（公元前671年）"初即位，布德施惠，结旧好于诸侯。使人献天子，天子赐胙，曰：'镇尔南方夷、越之乱，无侵中国。'于是楚地千里。"

《史记·楚世家》：楚庄王三年（公元前611年）"庄王左抱郑姬，右抱越女，坐钟鼓之间"。

《左传·昭公五年》（公元前537年）："冬十月，楚子以诸侯及东夷伐吴，以报棘、栎、麻之役。……越大夫常寿过帅师会楚子于琐。"

《史记·楚世家》：楚灵王十二年（公元前529年）："初，灵王会兵于申，僇越大夫常寿过，杀蔡大夫观起。"

《左传·昭公十三年》（公元前529年）："申之会，越大夫戮焉。"

《左传·昭公二十四年》（公元前518年）："楚子以舟师以略吴疆。……越大夫胥犴劳王于豫章之汭，越公子仓归王乘舟。仓及寿梦帅师从王，王及圉阳而还。"

《史记·楚世家》：楚昭王二十七年（公元前489年）"迎越女之子章立之，是为惠王。"

《左传·襄公五年》（公元前544年）"吴人伐越。"

《春秋·昭公五年》（公元前537年）："冬，楚子……徐人、越人伐吴。"

《左传·昭公三十二年》（公元前510年）："夏，吴伐越，始用师于越也。"

《吴越春秋·阖闾内传第四》（公元前510年）："（阖闾）五年，吴王以越不从伐楚，南伐越。越王允常曰：'吴不信前日之盟，弃贡赋之国，而灭其交亲。'"

典型墓例德清皇坟堆墓葬出土器物组合

春秋时期
1976 年湖州市德清县皇坟堆墓葬出土
现藏浙江省博物馆

① 原始瓷碗
⊙ 口径 9.4、足径 5、高 3.4 厘米

② 原始瓷鼎
⊙ 口径 13.2、通高 9.6 厘米

③ 原始瓷簋
⊙ 口径 18.1、足径 21、通高 9.4 厘米

④ 原始瓷尊
⊙ 口径 14.4、足径 12.8、高 15.8 厘米

⑤ 原始瓷尊
⊙ 口径 19.7、足径 16.1、高 19.8 厘米

⑥ 原始瓷尊
⊙ 口径 18.6、足径 11.5、高 15.5 厘米

⑦ 原始瓷卣
⊙ 口径 11.3、底径 9.7、高 11.5 厘米

⑧ 原始瓷卣
⊙ 口径 11.5、底径 14、高 18.5 厘米

⑨ 原始瓷卣
⊙ 口径 14.6、底径 20.4、腹径 24.5、
　高 23.5 厘米

⑩ 原始瓷卣
⊙ 口径 25.5、底径 24、高 36.8 厘米

⑪ 原始瓷卣
⊙ 口径 26.5、底径 20、高 38.8 厘米

②

①

③

④

⑤ ⑥

⑦

⑧

⑨

⑩

⑪

原始瓷鼎

⊙ 春秋早期

⊙ D2M1:14

⊙ 杭州市萧山区新塘街道涝湖村长山 D2M1 出土

⊙ 口径 21.4、腹径 26、高 16 厘米

⊙ 现藏浙江省文物考古研究所

（摄影：李永加）

原始瓷大口折肩罐

⊙ 春秋早期

⊙ D2M1：13

⊙ 2000年杭州市萧山区新塘街道涝湖村长山
　　D2M1出土

⊙ 口径11.5、底径9.3、高7.6厘米

⊙ 现藏杭州市萧山区博物馆

（摄影：李永如）

原始瓷鼎

⊙ 春秋早期

⊙ 1431

⊙ 1999 年衢州市龙游县溪口镇扁石砖瓦厂
　　出土

⊙ 口径 14、通高 16.6 厘米

⊙ 现藏龙游县博物馆

（摄影：李永加）

原始瓷尊

◎ 春秋早期

◎ D1M1∶9

◎ 2011 年杭州市萧山区柴岭山 D1M1 出土

◎ 口径 10.2、足径 7.1、高 8.9 厘米

◎ 现藏杭州市萧山区博物馆

（摄影：李永加）

原始瓷尊

- 春秋早期
- 1612
- 1988 年衢州市龙游县溪口镇扁石砖瓦厂出土
- 口径 20.8、足径 15、高 25.2 厘米
- 现藏龙游县博物馆

（摄影：李永加）

原始瓷尊

- ⊙ 春秋早期
- ⊙ 1269
- ⊙ 1988 年衢州市龙游县溪口镇扁石砖瓦厂
  出土
- ⊙ 口径 22.8、足径 15.4、高 23.6 厘米
- ⊙ 现藏龙游县博物馆

（摄影：李永如）

原始瓷尊

⊙ 春秋早期

⊙ 1683

⊙ 1988 年衢州市龙游县溪口镇扁石砖瓦厂出土

⊙ 口径 16.5、足径 12、高 17.7 厘米

⊙ 现藏龙游县博物馆

（摄影：李永加）

原始瓷尊

⊙ 春秋早期

⊙ D4M6 : 28

⊙ 1989 年湖州市长兴县太傅乡石狮村 D4M6 出土

⊙ 口径 22、足径 16.6、高 17.8 厘米

⊙ 现藏浙江省文物考古研究所

（摄影：李永加）

原始瓷尊

⊙ 春秋早期

⊙ D0766

⊙ 1989 年湖州市德清县三合朱家村塔山土墩墓出土

⊙ 口径 18、足径 14、高 13 厘米

⊙ 现藏德清县博物馆

（摄影：李永嘉）

原始瓷敛口垂腹罐

⊙ 春秋早期

⊙ D0761

⊙ 1987 年湖州市德清县三合乡朱家村塔山石室土墩墓
  出土

⊙ 口径 10、底径 19.8、高 15 厘米

⊙ 现藏德清县博物馆

（摄影：李永加）

原始瓷敛口垂腹罐

⊙ 春秋早期

⊙ D0763

⊙ 1989 年湖州市德清县三合乡朱家村塔山土墩墓
  出土

⊙ 口径 6、底径 6.6、高 6.5 厘米

⊙ 现藏德清县博物馆

（摄影：李永加）

原始瓷卣

- 春秋早期
- D0757
- 1989 年湖州市德清县三合乡朱家村塔山土墩墓
  出土
- 口径 11、底径 19.8、通高 33 厘米
- 现藏德清县博物馆

（摄影：李永加）

原始瓷卣

- 春秋早期
- D0762
- 1989 年湖州市德清县三合乡朱家村塔山土墩墓
  出土
- 口径 11、底径 13.3、高 14 厘米
- 现藏德清县博物馆

（摄影：李永加）

原始瓷卣

⊙ 春秋早期

⊙ D4M6：2

⊙ 1989 年湖州市长兴县石狮 D4M6 出土

⊙ 口径 20.7、底径 22.6、高 32.6 厘米

⊙ 现藏浙江省文物考古研究所

（摄影：李永加）

原始瓷卣

⊙ 春秋早期

⊙ D4M6：26

⊙ 1989 年湖州市长兴县石狮 D4M6
出土

⊙ 口径 10.1、底径 8.4、高 9.6 厘米

⊙ 现藏浙江省文物考古研究所

（摄影：李永加）

原始瓷卣

- ⊙ 春秋早期
- ⊙ 12727
- ⊙ 1980年衢州市龙游县溪口镇郑家村出土
- ⊙ 口径22、底径20、高31.5厘米
- ⊙ 现藏衢州市博物馆

（摄影：李永加）

原始瓷卣

⊙ 春秋早期

⊙ 652

⊙ 1999 年衢州市龙游县溪口镇扁石砖瓦厂出土

⊙ 口径 18.9、底径 17.6、高 26.4 厘米

⊙ 现藏龙游县博物馆

（摄影：李永加）

原始瓷卣

⊙ 春秋早期

⊙ 360

⊙ 1988 年衢州市龙游县溪口镇扁石砖瓦厂
出土

⊙ 口径 12.8、底径 16.4、高 18.8 厘米

⊙ 现藏龙游县博物馆

（摄影：李永加）

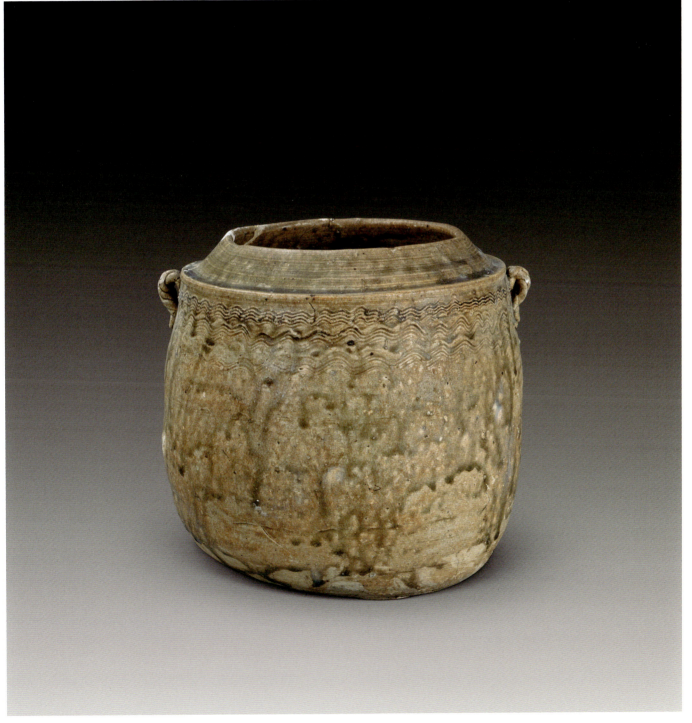

原始瓷卣

⊙ 春秋早期

⊙ 1586

⊙ 1988 年衢州市龙游县溪口镇扁石砖瓦厂出土

⊙ 口径 14、底径 22、高 21.6 厘米

⊙ 现藏龙游县博物馆

（摄影：李永加）

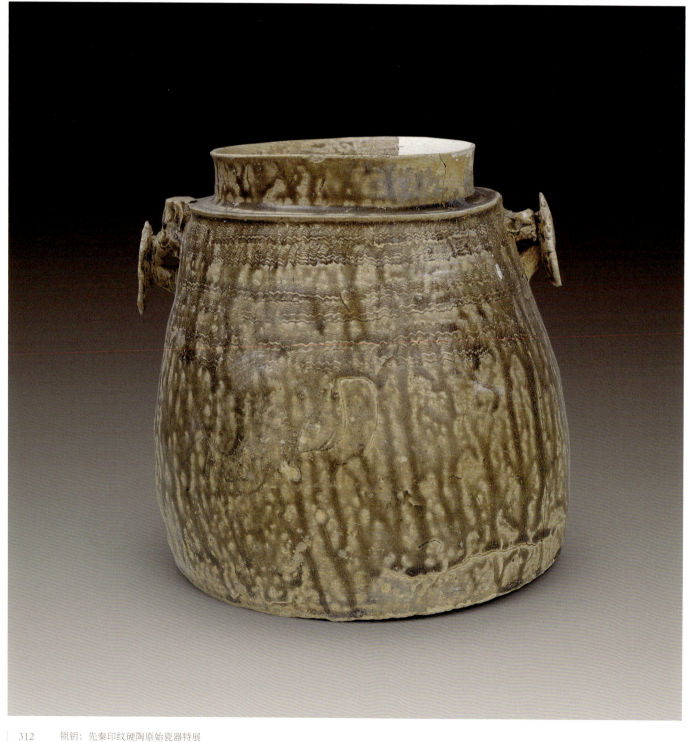

春秋时期窑址

春秋时期窑址主要分布于东苕溪流域和萧山地区。德清火烧山窑址是其中的典型代表，是目前所知保存下来的唯一一处春秋初期到春秋晚期的原始瓷龙窑窑址，除创造性地使用托珠作为间隔具外，出土的鼎、卣、簋等原始瓷礼器是其特色，卣的纹饰早晚发展演变系列明显。这些礼器的出土，为德清皇坟堆、三合塔山、龙游溪口出土的原始瓷礼器找到了来源，也说明德清地区是春秋时期的一个区域中心。

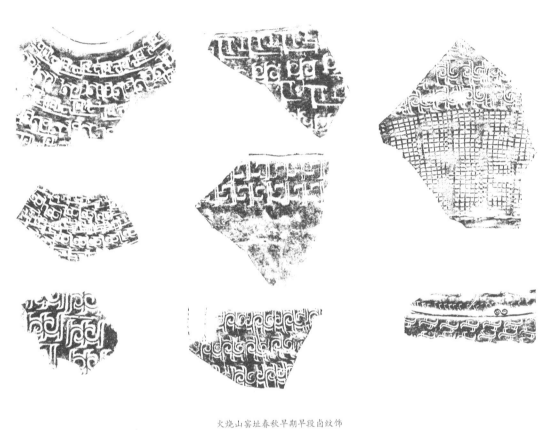

火烧山窑址春秋早期早段卣纹饰

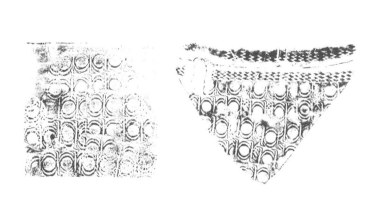

火烧山窑址春秋早期晚段卣纹饰

火烧山窑址春秋中期卣纹饰

原始瓷鼎

⊙ 西周晚春秋初
⊙ IT0403⑨:3
⊙ 2007年湖州市德清县火烧山窑址
　出土
⊙ 口径15.5、高12厘米
⊙ 现藏德清县博物馆

（摄影：李永加）

原始瓷罍

⊙ 春秋早期

⊙ IT0403⑨：30

⊙ 2007 年湖州市德清县火烧山窑址出土

⊙ 口径 19.2、底径 16.4、高 31.6 厘米

⊙ 现藏德清县博物馆

（摄影：李永加）

原始瓷瓿

⊙ 春秋早期

⊙ IIT0304 ⑩ :25

⊙ 2007 年湖州市德清县火烧山窑址出土

⊙ 口径 32.4、底径 26.8、高 39.6 厘米

⊙ 现藏德清县博物馆

（摄影：李永嘉）

原始瓷敛口罐

⊙ 春秋早期

⊙ IT0403 ⑨ :31

⊙ 2007 年湖州市德清县火烧山窑址出土

⊙ 口径 10.2、底径 19.2、高 21.6 厘米

⊙ 现藏德清县博物馆

（摄影：李永加）

典型窑址

原始瓷卣

⊙ 春秋中期

⊙ IIT0304 ⑩ :5

⊙ 2007 年湖州市德清县火烧山窑址出土

⊙ 口径 29.6、底径 25.2、高 36 厘米

⊙ 现藏浙江省文物考古研究所

（摄影：李未如）

原始瓷碗

⊙ 春秋中期

⊙ 07DHIT0403 ⑤ :7

⊙ 2007 年湖州市德清县火烧山窑址出土

⊙ 口径 10.6 ~ 13.2、底径 6.5、高 4.8 厘米

⊙ 现藏浙江省文物考古研究所

（摄影：李永加）

原始瓷碗

⊙ 春秋中期

⊙ 07DHIIT0304 ⑥ :7

⊙ 2007 年湖州市德清县火烧山窑址出土

⊙ 口径 10.8、底径 7、高 4 厘米

⊙ 现藏浙江省文物考古研究所

（摄影：李永加）

叠烧标本

⊙ 春秋中期

⊙ 07DHIIT0304 ⑤ b:7

⊙ 2007 年湖州市德清县火烧山窑址出土

⊙ 现藏浙江省文物考古研究所

（摄影：李永加）

战国越礼

春秋末期允常拓土始大，称王，勾践继位，夫差败越，勾践质吴，三年归国，十年生聚，十年教训，覆灭强吴，"周元王使人赐勾践胙，命为伯……越兵横行于江淮东，诸侯毕贺，号称霸王"。战国早中期，越国国力强盛，越文化空前发展，出于北上争霸、标榜正统的需要，越国抛弃西周至春秋时期的礼器，接受楚、徐、中原文化礼制因素，出现大量仿徐、楚青铜礼器的原始瓷礼乐器，越国礼器经历深刻变革，礼制最终形成，生产原始瓷礼乐器的窑址也应运而生。

战国越王世系：

勾践	公元前 496—前 465 年
鹿郢	公元前 464—前 459 年
不寿	公元前 458—前 449 年
朱句	公元前 448—前 412 年
翳	公元前 411—前 376 年
诸咎粤滑	公元前 375—前 363 年
无余之	公元前 362—前 351 年
无颛	公元前 350—前 343 年
无疆	公元前 342—前 333 年

原始瓷兽面鼎

⊙ 战国早期

⊙ 2254-4-278

⊙ 1984 年杭州市余杭区崇贤镇巴斗山出土

⊙ 口径 12.5、通高 11.8 厘米

⊙ 现藏杭州市余杭区博物馆

（摄影：李永加）

原始瓷兽面鼎

⊙ 战国早期

⊙ 杭州市余杭区崇贤镇水洪庙村出土

⊙ 口径 13.8、通高 15 厘米

⊙ 现藏杭州市余杭区博物馆

（摄影：李永加）

原始瓷兽面鼎

⊙ 战国早期

⊙ 1605

⊙ 2002 年绍兴市柯桥区漓渚镇小步村出土

⊙ 口径 13.2、通高 14.6 厘米

⊙ 现藏绍兴市柯桥区文化发展中心

（摄影：李永加）

原始瓷兽面鼎

- 战国早期
- 0559
- 1989 年绍兴市柯桥区兰亭街道张家葑村出土
- 口径 13.4、通高 14.6 厘米
- 现藏绍兴市柯桥区文化发展中心

（摄影：李永加）

原始瓷兽面鼎

⊙ 战国中期

⊙ M17Q：11

⊙ 2012 年绍兴市柯桥区平水镇蔡家岙小家山 M17 器物坑出土

⊙ 口径 16.8、通高 19.4 厘米

⊙ 现藏浙江省文物考古研究所

（摄影：李永加）

原始瓷附耳盖鼎

⊙ 战国早期

⊙ 1602

⊙ 2002 年绍兴市柯桥区漓渚镇小步村瓦窑山出土

⊙ 口径 16.8、通高 20.3 厘米

⊙ 现藏绍兴市柯桥区文化发展中心

（摄影：李永加）

原始瓷附耳盖鼎

- ⊙ 战国早期
- ⊙ 3487
- ⊙ 2014 年绍兴市出土
- ⊙ 口径 11、通高 12.7 厘米
- ⊙ 现藏绍兴市柯桥区文化发展中心

（摄影：李永加）

原始瓷立耳盆形鼎

- ⊙ 战国中期
- ⊙ M17Q：18
- ⊙ 2012 年绍兴市柯桥区平水镇蔡家岙
  小家山 M17 器物坑出土
- ⊙ 口径 18.4、通高 19.2 厘米
- ⊙ 现藏浙江省文物考古研究所

（摄影：李永加）

原始瓷甗形鼎

⊙ 战国早期

⊙ 1935-4-195

⊙ 1983 年杭州市余杭区崇贤镇老鸦桥出土

⊙ 鼎：口径 15.3、高 14 厘米，甑：口径 12.8、高 7 厘米

⊙ 现藏杭州市余杭区博物馆

（摄影：李永加）

原始瓷甗形鼎

- ⊙ 战国中期
- ⊙ M1：12
- ⊙ 2011 年绍兴市柯桥区平水镇四丰村
  祝家山 M1 出土
- ⊙ 口径 17.9、通高 18.9 ～ 19.3 厘米
- ⊙ 现藏绍兴市柯桥区文化发展中心

（摄影：李永加）

原始瓷甀

- ⊙ 战国早期
- ⊙ 0903-2
- ⊙ 1995 年绍兴市柯桥区福全镇洪家墩村出土
- ⊙ 口径 13.6、高 12.3 厘米
- ⊙ 现藏绍兴市柯桥区文化发展中心

（摄影：李永加）

原始瓷提梁盉

⊙ 战国早期

⊙ 08DQLSM1∶1

⊙ 2008 年湖州市德清县武康镇梁山战国墓出土

⊙ 口径 8.6、通高 25 厘米

⊙ 现藏浙江省文物考古研究所

（摄影：李永加）

原始瓷提梁盉

⊙ 战国早期

⊙ 0335

⊙ 1987 年绍兴市越城区上蒋村凤凰山出土

⊙ 口径 8.3、底径 12.4、通高 21.3 厘米

⊙ 现藏绍兴市柯桥区文化发展中心

（摄影：李永加）

原始瓷提梁盉

⊙ 战国早中期

⊙ 4275-4-755

⊙ 2000 年杭州市余杭区顾家埠村石马斗
  出土

⊙ 口径 7.6、腹径 19、通高 21 厘米

⊙ 现藏杭州市余杭区博物馆

（摄影：李永加）

原始瓷提梁盉

⊙ 战国早中期

⊙ 4:1429

⊙ 1970 年绍兴市柯桥区平水镇下灶村出土

⊙ 口径 8.4、底径 11.1、通高 20.6 厘米

⊙ 现藏绍兴博物馆

（摄影：李永加）

原始瓷提梁盉

- ⊙ 战国早中期
- ⊙ 4 : 1224
- ⊙ 绍兴市区出土
- ⊙ 口径 7.5、底径 10.5、通高 18.8 厘米
- ⊙ 现藏绍兴博物馆

（摄影：李永加）

原始瓷三足壶

⊙ 战国早期

⊙ 4：1310

⊙ 1979 年绍兴市越城区皋埠镇唐家村出土

⊙ 口径 6.6、高 10 厘米

⊙ 现藏绍兴博物馆

（摄影：李永加）

原始瓷缶

⊙ 战国早期

⊙ 1609

⊙ 2002 年绍兴市柯桥区漓渚镇小步村出土

⊙ 口径 9.5、底径 14.3、高 35.5 厘米

⊙ 现藏绍兴市柯桥区文化发展中心

（摄影：李永加）

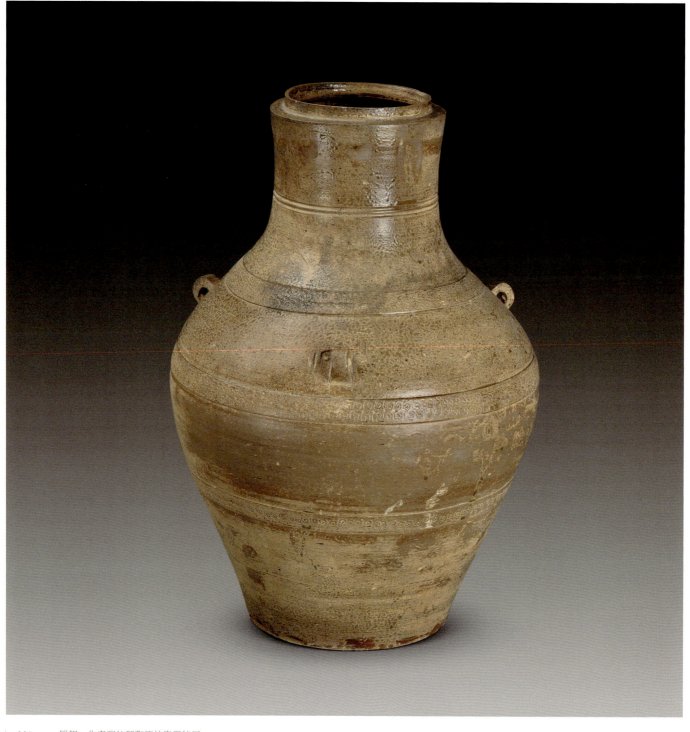

原始瓷三足缶

⊙ 战国早中期

⊙ 1845

⊙ 2005 年绍兴市越城区陶堰镇亭山村眠狗山出土

⊙ 口径 36.6～46.3、底径 23、高 24.2 厘米

⊙ 现藏绍兴市柯桥区文化发展中心

（摄影：李永加）

原始瓷三足鉴

⊙ 战国早期

⊙ 4296-4-775

⊙ 杭州市余杭区顾家埠村码头出土

⊙ 口径 28.2、底径 16.4、高 15.2 厘米

⊙ 现藏杭州市余杭区博物馆

（摄影：李永加）

原始瓷鉴

⊙ 战国早期

⊙ 1608

⊙ 2002 年绍兴市柯桥区漓渚镇小步村出土

⊙ 口径 37、底径 23.5、高 22.4 厘米

⊙ 现藏绍兴市柯桥区文化发展中心

（摄影：李永加）

原始瓷鑑

⊙ 战国早中期

⊙ M17Q：21

⊙ 2012 年绍兴市柯桥区平水镇蔡家岙小家山
  M17 器物坑出土

⊙ 口径 20.4、底径 14.4、高 8.2 厘米

⊙ 现藏浙江省文物考古研究所

（摄影：李永加）

原始瓷盆

⊙ 战国早中期

⊙ 4：3806

⊙ 1991 年绍兴市柯桥区平水镇平水江陈家坞村出土

⊙ 口径 26.5、底径 17、高 10.7 厘米

⊙ 现藏绍兴博物馆

（摄影：李永加）

原始瓷匜

- ⊙ 战国早期
- ⊙ 2243-4-273
- ⊙ 1984 年杭州市余杭区崇贤镇老鸦桥
  出土
- ⊙ 口径 15、底径 8.5、高 8.4 厘米
- ⊙ 现藏杭州市余杭区博物馆

（摄影：李永加）

原始瓷匜

- ⊙ 战国早期
- ⊙ 0966
- ⊙ 1996 年绍兴市柯桥区漓渚镇大兴村
  出土
- ⊙ 口径 17.3、底径 9.2、高 10.6 厘米
- ⊙ 现藏绍兴市柯桥区文化发展中心

（摄影：李永加）

原始瓷盘

⊙ 战国早中期

⊙ 4:1231

⊙ 绍兴市区出土

⊙ 口径 17.5、底径 10、高 6 厘米

⊙ 现藏绍兴博物馆

（摄影：李永加）

原始瓷盘

⊙ 战国早中期

⊙ 0923

⊙ 1995 年绍兴市柯桥区平水镇上灶村
　出土

⊙ 口径 23、底径 20、高 6.8 厘米

⊙ 现藏绍兴市柯桥区文化发展中心

（摄影：李永加）

原始瓷簋

⊙ 战国早中期

⊙ B0058

⊙ 2009 年绍兴市柯桥区漓渚镇出土

⊙ 口径 21.5、足径 18.3、高 10.4 厘米

⊙ 现藏绍兴博物馆

（摄影：李永加）

原始瓷豆

⊙ 战国中期

⊙ M1：21

⊙ 2011 年绍兴市柯桥区平水镇四丰村祝家山 M1 出土

⊙ 口径 17、足径 10.2、高 9.2 厘米

⊙ 现藏绍兴市柯桥区文化发展中心

（摄影：李永加）

原始瓷豆

⊙ 战国中期

⊙ M1：22

⊙ 2011 年绍兴市柯桥区平水镇四丰村祝家山 M1 出土

⊙ 口径 17.5、足径 9.8、高 8.8 厘米

⊙ 现藏绍兴市柯桥区文化发展中心

（摄影：李永加）

原始瓷罐

⊙ 战国中期

⊙ M17:1

⊙ 2012 年绍兴市柯桥区平水镇蔡家岙小家山 M17 出土

⊙ 口径 17.6、底径 19.4、腹径 40、高 29.6 厘米

⊙ 现藏浙江省文物考古研究所

（摄影：李永加）

原始瓷瓿

⊙ 战国中期

⊙ 4：4377

⊙ 2000 年绍兴市越城区灵芝镇肖港村出土

⊙ 口径 19、底径 16.5、腹径 36、高 25.5 厘米

⊙ 现藏绍兴博物馆

（摄影：李永加）

原始瓷甬钟

⊙ 战国早中期

⊙ 2077-3-444

⊙ 1984 年杭州市余杭区崇贤镇巴斗山出土

⊙ 通高 27、甬长 9.9、舞修 11.6、舞广 10.8、
　栾长 16.1、铣间 13.8、于间 11.6 厘米

⊙ 现藏杭州市余杭区博物馆

（摄影：李永加）

原始瓷甬钟

- 战国早中期
- 2076-3-443
- 1984 年杭州市余杭区崇贤镇巴斗山出土
- 通高 26.8、甬长 9.4、舞修 11、舞广 10、栾长 15.5、铣间 14.6、于间 10.8 厘米
- 现藏杭州市余杭区博物馆

（摄影：李永加）

原始瓷甬钟

原始瓷甬钟

- 战国早中期
- 2078-3-445
- 1984 年杭州市余杭区崇贤镇巴斗山出土
- 通高 29.2、甬长 10.9、舞修 12、舞广 10.8、栾长 16.7、
  铣间 16、于间 12.4 厘米
- 现藏杭州市余杭区博物馆

（摄影：李永加）

原始瓷甬钟

⊙ 战国早中期

⊙ 2075-3-442

⊙ 1984 年杭州市余杭区崇贤镇巴斗山出土

⊙ 通高 27、甬长 10.2、舞修 11.6、舞广 10.8、铣长 15.4、铣间 13.6、于间 11.6 厘米

⊙ 现藏杭州市余杭区博物馆

（摄影：李永加）

原始瓷甬钟

- ⊙ 战国中期
- ⊙ 1990 年杭州市半山石塘战国墓出土
- ⊙ 通高 39.2、于间 21.5 厘米
- ⊙ 现藏杭州市文物考古研究所

（摄影：李永加）

原始瓷甬钟

- ⊙ 战国中期
- ⊙ M1Q：4
- ⊙ 2003 年湖州市长兴县鼻子山 M1 器物坑出土
- ⊙ 通高 42、舞修 15.2、舞广 14、铣间 18.6、于间 14.8 厘米
- ⊙ 现藏长兴县博物馆

（摄影：李永加）

原始瓷镈钟

- ⊙ 战国中期
- ⊙ M1Q：9
- ⊙ 2003 年湖州市长兴县鼻子山 M1 器物坑出土
- ⊙ 通高 19.6、舞修 12、舞广 12、铣间 16.4、于间 13.8 厘米
- ⊙ 现藏长兴县博物馆

（摄影：李永加）

原始瓷镈钟

- ⊙ 战国中期
- ⊙ 1990 年杭州市半山石塘战国墓出土
- ⊙ 通高 19、于间 15.3 厘米
- ⊙ 现藏杭州博物馆

（摄影：李永加）

原始瓷錞于

- ⊙ 战国中期
- ⊙ M1Q：20
- ⊙ 2003 年湖州市长兴县鼻子山 M1 器物坑出土
- ⊙ 通高 44、盘径 19.6、于径 22.8 厘米
- ⊙ 现藏长兴县博物馆

（摄影：李永加）

原始瓷磬

- ⊙ 战国中期
- ⊙ M1Q：47
- ⊙ 2003 年湖州市长兴县鼻子山 M1 器物坑出土
- ⊙ 鼓修 15.8、鼓博 5.3、股修 12.8、股博 5.6、徇孔 0.9、厚 1.1 厘米
- ⊙ 现藏长兴县博物馆

（摄影：李永加）

原始瓷句鑃

- 战国早期
- 4294-4-772
- 2000 年杭州市余杭区大陆顾家埠村石马斗出土
- 通高 23、栾长 24.5、铣间 17.5、舞修 13.4 厘米
- 现藏杭州市余杭区博物馆

（摄影：李永如）

原始瓷句鑃

- 战国早期
- 4294-4-774
- 2000 年杭州市余杭区大陆顾家埠村石马斗出土
- 通高 24、柄长 8.5、栾长 15.5、铣间 11.7、于间 7.9、舞修 8.4 厘米
- 现藏杭州市余杭区博物馆

（摄影：李永如）

原始瓷句鑃

- 战国早期
- 4293-4-773
- 2000 年杭州市余杭区大陆顾家埠村石马斗出土
- 残高 25、柄残长 8.4、栾长 18.3、铣间 13.2、于间 9、舞修 9.1 厘米
- 现藏杭州市余杭区博物馆

（摄影：李永加）

原始瓷句鑃

- 战国早期
- 4291-4-771
- 2000 年杭州市余杭区大陆顾家埠村石马斗出土
- 通高 35.5、柄长 12.6、栾长 24、铣间 18.1、于间 11.7、舞修 13.5 厘米
- 现藏杭州市余杭区博物馆

（摄影：李永加）

原始瓷句鑃

- 战国早期
- 4290-4-770
- 2000 年杭州市余杭区大陆顾家埠村石马斗出土
- 通高 38.5、柄长 13.3、栾长 26.5、铣间 17.7、于间 12.9、舞修 13.9 厘米
- 现藏杭州市余杭区博物馆

（摄影：李永加）

原始瓷句鑃

- ⊙ 战国早期
- ⊙ 4289-4-769
- ⊙ 2000 年杭州市余杭区大陆顾家埠村石马斗出土
- ⊙ 通高 39、柄长 13.5、栾长 26.1、铣间 18.2、于间 12.5、舞修 14.4 厘米
- ⊙ 现藏杭州市余杭区博物馆

（摄影：李永加）

原始瓷句鑃

- ⊙ 战国早期
- ⊙ 4288-4-768
- ⊙ 2000 年杭州市余杭区大陆顾家埠村石马斗出土
- ⊙ 通高 40、柄长 13.3、栾长 26.7、铣间 21.4、于间 13.9、舞修 14.7 厘米
- ⊙ 现藏杭州市余杭区博物馆

（摄影：李永加）

原始瓷悬铃

⊙ 战国早期

⊙ 4285-4-765

⊙ 2000 年杭州市余杭区大陆顾家埠村石马斗出土

⊙ 底径 9、残高 8.3 厘米

⊙ 现藏杭州市余杭区博物馆

（摄影：李永加）

原始瓷悬铃

- 战国早期
- 4284-4-762
- 2000 年杭州市余杭区大陆顾家埠村石马斗出土
- 底径 9.3、孔径 5.0、高 10.2 厘米
- 现藏杭州市余杭区博物馆

（摄影：李永加）

原始瓷悬铃

- 战国早期
- 4287-4-767
- 2000 年杭州市余杭区大陆顾家埠村石马斗出土
- 底径 8.4、孔径 4.4、高 9.5 厘米
- 现藏杭州市余杭区博物馆

（摄影：李永加）

原始瓷悬铃

- ⊙ 战国早期
- ⊙ 4284-4-764
- ⊙ 2000 年杭州市余杭区大陆顾家埠村
  石马斗出土
- ⊙ 底径 9、孔径 4、 残高 8.5 厘米
- ⊙ 现藏杭州市余杭区博物馆

（摄影：李永加）

原始瓷悬铃

- ⊙ 战国早期
- ⊙ 4286-4-766
- ⊙ 2000 年杭州市余杭区大陆顾家埠村
  石马斗出土
- ⊙ 底径 8.4、孔径 3.8、 高 9.2 厘米
- ⊙ 现藏杭州市余杭区博物馆

（摄影：李永加）

原始瓷悬铃

⊙ 战国早期
⊙ 4283-4-763
⊙ 2000 年杭州市余杭区大陆顾家埠村
  石马斗出土
⊙ 底径 9.3、孔径 4.6、高 9.8 厘米
⊙ 现藏杭州市余杭区博物馆

（摄影：李永加）

原始瓷悬铃

⊙ 战国早期
⊙ 4281-4-761
⊙ 2000 年杭州市余杭区大陆顾家埠村
  石马斗出土
⊙ 底径 9、孔径 4.0、高 9.2 厘米
⊙ 现藏杭州市余杭区博物馆

（摄影：李永加）

战国时期窑址

战国时期窑址主要分布于东苕溪流域、萧山进化、绍兴富盛镇，东苕溪流域是最主要的分布区，其中的德清县又是战国原始瓷礼乐器的主要产区，经发掘或试掘生产原始瓷礼乐器的窑址有德清亭子桥窑址、弯头山窑址、长山窑址、坞里窑址等。亭子桥窑址是其中最典型代表，该窑址位于德清县武康镇龙胜村东山自然村北，出土各种形状的支垫窑具，是装烧方法的开拓性发明与创造，提高了产品质量；出土了大量的提梁盉、尊、鼎、鉴、甬钟、句鑃、錞于、悬鼓座等仿铜原始青瓷礼器、乐器，为近年来江浙地区战国时期高等级古墓葬出土的仿铜原始瓷礼乐器找到了明确的产地。

德清亭子桥窑址

原始瓷尊

⊙ 战国早期

⊙ DTT304 ⑤ :36

⊙ 2007年湖州市德清县亭子桥窑址出土

⊙ 口径22.4、足径18、高29厘米

⊙ 现藏德清县博物馆

（摄影：李永加）

原始瓷尊

⊙ 战国早期

⊙ DTT201 ⑤ :69

⊙ 2007 年湖州市德清县亭子桥窑址出土

⊙ 口径 14.8、足径 10.4、高 16.6 厘米

⊙ 现藏德清县博物馆

（摄影：李永加）

原始瓷三足鑑

⊙ 战国早期

⊙ 07DTT302④:90

⊙ 2007 年湖州市德清县亭子桥窑址出土

⊙ 口径 34、高 16.4 厘米

⊙ 现藏德清县博物馆

（摄影：李永加）

原始瓷提梁盉

⊙ 战国早期

⊙ 07DTT202⑤:76

⊙ 2007 年湖州市德清县亭子桥窑址出土

⊙ 底径 14、通高 18.4 厘米

⊙ 现藏德清县博物馆

（摄影：李永加）

原始瓷镂孔长颈瓶

⊙ 战国早期
⊙ 07DTT302⑤：14
⊙ 2007 年湖州市德清县亭子桥窑址出土
⊙ 口径 11.2、底径 19.2、高 44.4 厘米
⊙ 现藏浙江省文物考古研究所
（摄影：卞永如）

原始瓷句鑃

⊙ 战国早期
⊙ 07DTT201 ⑤ :4
⊙ 2007 年湖州市德清县亭子桥窑址出土
⊙ 残高 30、舞修 11.2、舞广 8.4 厘米
⊙ 现藏德清县博物馆
（摄影：李永加）

原始瓷句鑃

⊙ 战国早期

⊙ DTT201 ⑤ :8

⊙ 2007 年湖州市德清县亭子桥窑址出土

⊙ 残高 11.8 厘米

⊙ 现藏德清县博物馆

（摄影：李永加）

原始瓷句鑃

⊙ 战国早期

⊙ IITG1 ② :68

⊙ 2009 年湖州市德清县坞里窑址出土

⊙ 通高 42.1、舞修 18.8、铣间 22.3、于间 18.2 厘米

⊙ 现藏浙江省文物考古研究所

（摄影：李永加）

原始瓷镈钟

⊙ 战国早期

⊙ 07DCT1 ② :124

⊙ 2007 年湖州市德清县长山窑址出土

⊙ 舞广 14.8 厘米

⊙ 现藏浙江省文物考古研究所

（摄影：李永加）

原始瓷鼓座

⊙ 战国早期

⊙ IT2 ② :70

⊙ 2009 年湖州市德清县弯头山窑址出土

⊙ 底径 51、通高 32 厘米

⊙ 现藏浙江省文物考古研究所

（摄影：李永嘉）

渊源流变

⊙中华文明的大一统过程，也是文化的交流、融合、创新的过程。文化的交流、融合需要通过物来体现，印纹硬陶、原始瓷这两种在北方不常见、基本出土于高等级墓葬或遗址的文化遗存，广泛存在于南中国，东南地区更是多见，是南北文化交融的重要载体。对于北方印纹硬陶、原始瓷的产地，有『南方说』和『北方说』两种观点。从器物的形制、工艺、纹饰特征来看，北方出土的印纹硬陶和原始瓷大部分与南方地区同类器相雷同，只有少量器类在南方找不到相似器物，然而，这少量器物在胎质、釉色、纹饰特征方面也可从南方找到来源。综合比较南北地区出土的各时代印纹陶、原始瓷器，表明时代不同，其来源地也有差异。

⊙至于交流的方式，据文献，夏至西周时期，均有南方方国向中原王朝进贡的史料。《左传·襄公七年》『禹会诸侯于涂山，执玉帛者万国』；《诗经·商颂·殷武》『昔有成汤，自彼氐羌，莫敢不来享，莫敢不来王，曰商是常』，西周早期，文献有周成王二十四年『于越来宾』、于越贡白雉、献舟、献玉的记载。由此，北方出土的部分印纹硬陶和原始瓷也可能是由南方方国贡赋中央王朝，然后中央王朝再分配给各诸侯国。至于那些北方出土、南方少见的原始瓷器，可能是通过一种如宋代地方进贡瓷器的『制样需索』的贡赋方式进贡给中原王朝。

二里头文化

相当于夏代的印纹硬陶、原始瓷资料较少，截至目前，主要在河南偃师二里头遗址有少量出土。印纹硬陶只有鸭形鼎、壶，共 2 件。原始瓷 5 件，均为盉，其中 2 件保存稍好，另外 3 件均只有残片，无法看出器形。鸭形鼎、盉是南北文化交流的实物见证，时代约当二里头二期。

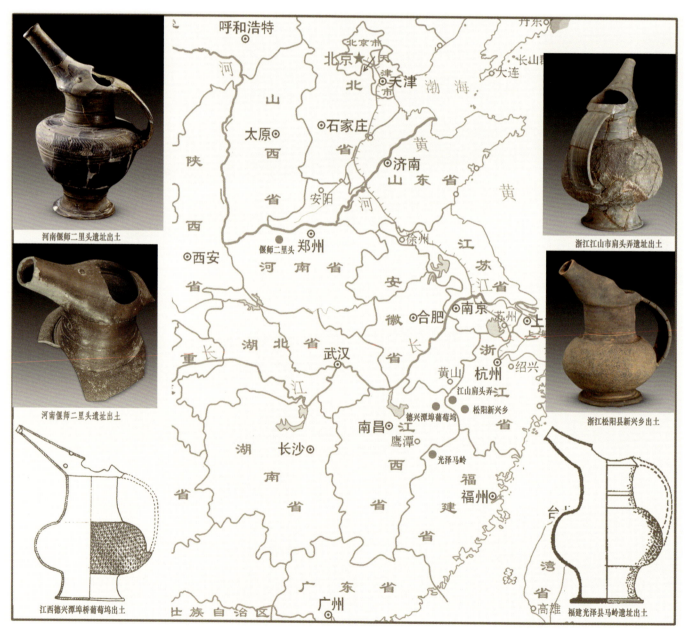

河南偃师二里头遗址出土

浙江江山市肩头弄遗址出土

河南偃师二里头遗址出土

浙江松阳县新兴乡出土

江西德兴潭埠桥葡萄坞出土

福建光泽县马岭遗址出土

长流平底盉分布图

原始瓷盉

⊙ 二里头二期

⊙ 2003VH215：4

⊙ 2003 年河南省偃师市二里头遗址出土

⊙ 颈径 7.4、残高 12.5、厚 0.3 ～ 0.4 厘米

⊙ 现藏中国社会科学院考古研究所

（摄影：中国社会科学院考古研究所）

原始瓷盉

- 二里头二期
- 2002VM5:1
- 2002 年河南省偃师市二里头遗址出土
- 颈径 7.5、残高 15.2、厚 0.3～0.4 厘米
- 现藏中国社会科学院考古研究所

（摄影：中国社会科学院考古研究所）

陶盉

⊙ 二里头二期

⊙ 2002VM3:9

⊙ 2002 年河南省偃师市二里头遗址出土

⊙ 底径 8.5、腹径 14.1、高 24.4、厚 0.4 ~ 0.5 厘米

⊙ 现藏中国社会科学院考古研究所

（摄影：中国社会科学院考古研究所）

印纹硬陶单把长流平底盉

- ⊙ 肩头弄文化（夏商时期）
- ⊙ 江肩（二）1∶1
- ⊙ 浙江省江山市峡口镇肩头弄出土
- ⊙ 口径 8.4、底径 11、高 28 厘米
- ⊙ 现藏江山市博物馆

（摄影：李永加）

印纹硬陶单把长流平底盉

⊙ 肩头弄文化（夏商时期）

⊙ 0544

⊙ 1988年浙江省松阳县新兴镇出土

⊙ 口径3.2～4.5、底径8.7、高18.5厘米

⊙ 现藏松阳县博物馆

（摄影：李永加）

商时期

商代印纹硬陶、原始瓷分布范围和出土数量均呈增多之势，主要分布于黄河流域和江汉平原两大区域。代表性遗址有河南郑州商城、小双桥遗址、洛阳偃师商城、安阳殷墟遗址、湖北武汉盘龙城遗址。可分为商代前期和商代后期。

商代前期，黄河流域出土印纹硬陶主要有罐、尊形器、折肩尊。纹饰有云雷纹、方格纹、席纹、叶脉纹等。原始瓷只有浅腹折肩尊、深腹双折肩尊，前者一般拍印方格纹，后者拍印细密浅细的短条纹，少量在肩部拍印席纹。江汉平原出土印纹硬陶及原始瓷的遗址虽较少，但器类较多、纹饰丰富。印纹硬陶主要有小口球腹罐、侈口垂腹罐、直腹罐、长颈鼓腹罐、斜腹圈足尊、折肩圈足尊、折肩圜凹底尊等。纹饰有云雷纹、方格纹、席纹、叶脉纹、条纹等。原始瓷器类比较单一，只有深腹双折肩圜凹底尊、鼓腹罐、斜腹圈足尊等。

商代后期的印纹硬陶、原始瓷主要出土于殷墟遗址。印纹硬陶有直口平底罐、折肩圜底罐、小口扁腹罐、扁腹凹底罐、折肩圈足瓿等，纹饰有方格纹、席纹、细绳纹等。原始瓷主要有瓮、罐、豆、钵、壶、瓿等。多为素面，纹饰有方格纹、横向条纹等。商代印纹硬陶、原始瓷分布范围和出土数量均呈增多之势，主要分布于黄河。

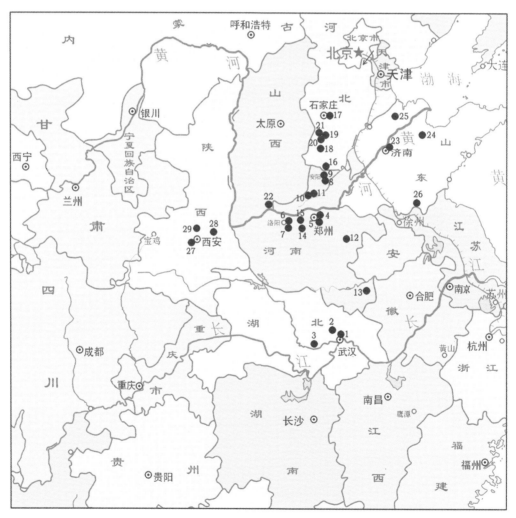

江北地区出土商代原始瓷印纹硬陶器分布图

1.武汉黄陂盘龙城遗址　2.孝感聂家寨遗址　3.荆州荆南寺遗址　4.郑州小双桥遗址　5.郑州商城遗址　6.偃师商城遗址　7.偃师二里头遗址　8.安阳殷墟遗址　9.安阳洹北商城　10.辉县孟庄遗址　11.辉县琉璃阁　12.柘城孟庄遗址　13.固始平寨古城　14.登封王城岗遗址　15.巩县稍柴　16.磁县下七垣遗址　17.藁城台西遗址　18.武安赵窑遗址　19.邢台尹郭村遗址　20.邢台大桃花村遗址　21.邢台坂上村遗址　22.垣曲商城遗址　23.济南大辛庄遗址　24.益都苏埠屯遗址　25.阳信李屋遗址　26.苍山高尧　27.西安老牛坡遗址　28.华县南沙村遗址　29.耀县北村遗址

印纹硬陶罐

⊙ 商代前期

⊙ M2：49

⊙ 湖北省武汉市黄陂区盘龙城李家嘴 M2 出土

⊙ 口径 15、底径 12、高 26 厘米

⊙ 现藏湖北省博物馆

（摄影：赵维）

印纹硬陶罐

⊙ 商代前期

⊙ H1 ④ :16

⊙ 湖北武汉市黄陂区盘龙城李家嘴 H1 出土

⊙ 口径 13.7、高 15.5 厘米

⊙ 现藏湖北省博物馆

（摄影：赵雄）

印纹硬陶罐

⊙ 商代前期

⊙ H6：42

⊙ 湖北省武汉市黄陂区盘龙城杨家湾 H6 出土

⊙ 口径 16、高 17.5 厘米

⊙ 现藏湖北省博物馆

（摄影：赵维）

印纹硬陶尊

⊙ 商代前期

⊙ H6：16

⊙ 湖北省武汉市黄陂区盘龙城杨家湾 H6 出土

⊙ 口径 13.7、足径 8.7、高 17 厘米

⊙ 现藏湖北省博物馆

（摄影：赵雄）

印纹硬陶尊

⊙ 商代前期

⊙ M1:23

⊙ 湖北省武汉市黄陂区盘龙城李家嘴 M1 出土

⊙ 口径 14、足径 10.5、高 17 厘米

⊙ 现藏湖北省博物馆

（摄影：赵雄）

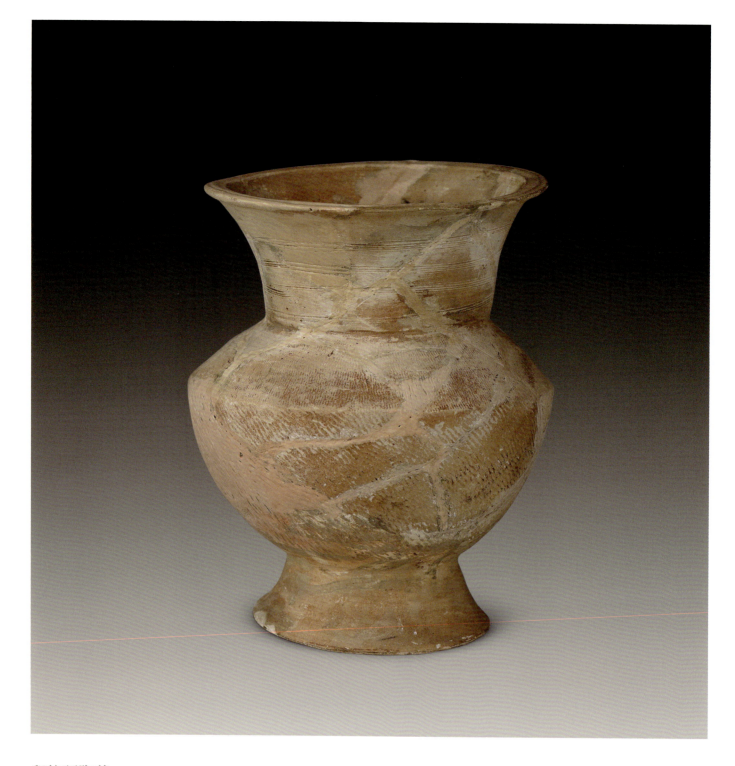

印纹硬陶尊

⊙ 商代前期

⊙ M1:8

⊙ 湖北省武汉市黄陂区盘龙城李家嘴 M1 出土

⊙ 口径 20.5、足径 14.5、高 28.5 厘米

⊙ 现藏湖北省博物馆

（摄影：赵雄）

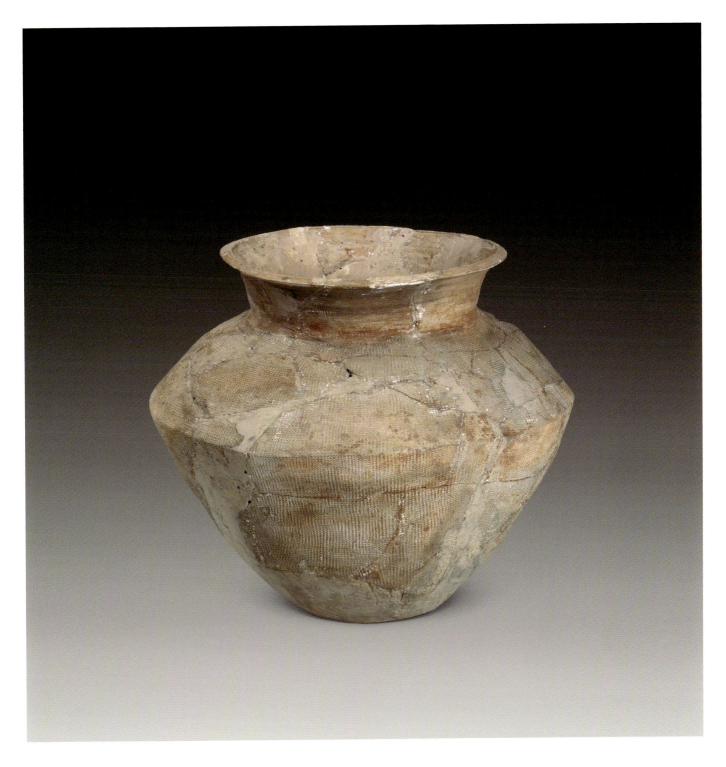

印纹硬陶尊

⊙ 商代前期

⊙ M10∶1

⊙ 湖北省武汉市黄陂区盘龙城楼子湾 M10 出土

⊙ 口径 20、底径 10、高 25 厘米

⊙ 现藏湖北省博物馆

（摄影：赵维）

原始瓷尊

- 商代前期
- C7M25∶6
- 河南省郑州商城 C7M25 出土（人民公园）
- 口径 21.6、高 24.4 厘米
- 现藏河南博物院

（照片由孙新民提供）

原始瓷尊

- 商代前期
- MGM2∶1
- 河南省郑州商城 MGM2 出土（铭功路西）
- 口径 27、上腹径 28、高 28 厘米
- 现藏郑州博物馆

（照片由孙新民提供）

原始瓷尊

⊙ 商代前期

⊙ C5T4 ① : 18

⊙ 河南省郑州商城南关外 C5T4 出土

⊙ 口径 19.8、高 14.4 厘米

⊙ 现藏河南省文物考古研究院

（摄影：祝贺、蔡强）

印纹硬陶尊

⊙ 商代前期

⊙ C5H5：17

⊙ 河南省郑州商城南关外 C5H5 出土

⊙ 口径 21、高 11.8 厘米

⊙ 现藏河南省文物考古研究院

（摄影：祝贺、蔡强）

原始瓷豆

⊙ 商代晚期
⊙ M97：13
⊙ 2005 年河南省安阳市殷墟小司空 M97 出土
⊙ 口径 12.8、足径 8.5、高 10 厘米
⊙ 现藏中国社会科学院考古研究所

（摄影：中国社会科学院考古研究所）

印纹硬陶罐

⊙ 商代晚期
⊙ M5：319
⊙ 1976 年河南省安阳市殷墟妇好墓出土
⊙ 口径 8.5、底径 8.8、高 14.1 厘米
⊙ 现藏中国社会科学院考古研究所

（摄影：中国社会科学院考古研究所）

西周时期

西周时期，江北地区的原始瓷器在分布范围和出土数量上均超过夏、商时的状况。从出土背景来看，北方地区原始瓷和印纹硬陶多出土于高等级贵族墓葬，主要有陕西长安张家坡西周墓地、山东省滕州市前掌大墓地、山西北赵晋侯墓地、大河口霸国墓地、河南洛阳北窑西周墓、平顶山应国墓地、鹿邑太清宫长子口墓、湖北随州叶家山曾国墓地等。

原始瓷出土数量较多，以豆、罍、瓿、尊、瓮为主。纹饰有方格纹、刻划叶脉纹、凹弦纹、人字纹、篦纹、波折纹、云雷纹等。豆的口沿外壁多见宽扁状泥条耳，另还有少量小扁方实心泥条、圆形小泥饼。罍、瓿、尊的肩部均有复系，瓮均为泥条盘筑成型，厚胎厚釉，器表多饰方格纹。

印纹硬陶出土数量较少，器类较多，有尊、罍、瓿、釜、罐、瓮等。纹饰有方格纹、回纹、菱形方格凸点纹、菱形回字凸点纹。

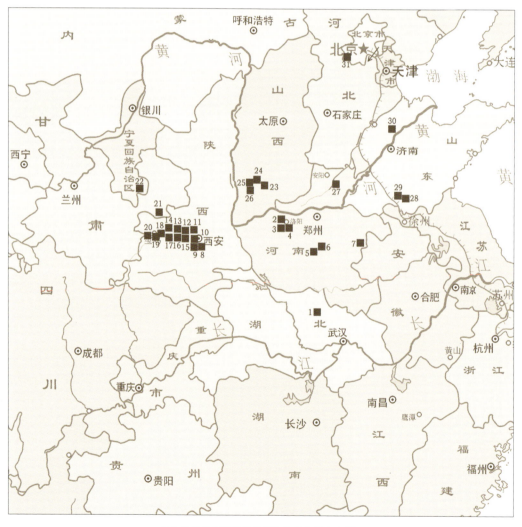

江北地区出土西周原始瓷印纹硬陶器分布图

1.随州叶家山西周墓　2.洛阳北窑西周墓　3.洛阳车站西周墓　4.洛阳林校车马坑　5.平顶山应国墓地　6.襄城县霍庄村西周墓　7.鹿邑县长子口墓　8.长安普渡村西周墓　9.沣西张家坡西周墓　10.沣西大原村西周墓　11.扶风黄堆老堡子西周墓　12.扶风庄李遗址　13.岐山凤雏西周建筑基址　14.岐山贺家村西周墓　15.扶风杨家集西周墓　16.扶风召陈西周建筑基址　17.岐山周公庙遗址　18.宝鸡阳平镇高庙村西周墓　19.宝鸡马营镇旭光村西周墓　20.宝鸡鱼国墓地　21.灵台白草坡西周墓　22.彭阳县姚河源遗址　23.襄城县大河口霸国墓地　24.天马曲村遗址 M6080　25.北赵晋侯墓地　26.绛县横水墓地　27.浚县辛村卫国墓　28.滕州前掌大墓地　29.滕州庄里西西周墓　30.济阳姜集乡刘台子西周墓　31.房山琉璃河燕国墓地

原始瓷大口尊

⊙ 西周初期
⊙ M1：25
⊙ 1997 年河南省周口市鹿邑县太清宫镇长子口 M1 出土
⊙ 口径 28.8、足径 18.8、腹径 25、高 22.3 厘米
⊙ 现藏河南省文物考古研究院

（摄影：祝贺、蔡强）

原始瓷瓮

⊙ 西周初期

⊙ M1∶31

⊙ 1997 年河南省周口市鹿邑县太清宫镇长子口 M1 出土

⊙ 口径 20.2、底径 10.2、腹径 32、高 24.3 厘米

⊙ 现藏河南省文物考古研究院

（摄影：祝贺、蔡强）

原始瓷豆

⊙ 西周初期

⊙ M1∶187

⊙ 1997 年河南省周口市鹿邑县太清宫镇长子口 M1 出土

⊙ 口径 14.2、腹深 4.7、高 6.0 厘米

⊙ 现藏河南省文物考古研究院

（摄影：祝贺、蔡强）

原始瓷豆

⊙ 西周初期

⊙ M1：99

⊙ 1997 年河南省周口市鹿邑县太清宫镇长子口 M1 出土

⊙ 口径 14、腹深 4.1、残高 5.8 厘米

⊙ 现藏河南省文物考古研究院

（摄影：祝贺、蔡强）

原始瓷豆

⊙ 西周初期

⊙ M1：98

⊙ 1997 年河南省周口市鹿邑县太清宫镇长子口 M1 出土

⊙ 口径 14.4、腹深 5、残高 6.1 厘米

⊙ 现藏河南省文物考古研究院

（摄影：祝贺、蔡强）

原始瓷豆

- ⊙ 西周早期
- ⊙ M139：20
- ⊙ 1964 年河南省洛阳市北窑西周
  墓地 M139 出土
- ⊙ 口径 12.4、足径 7.5、高 7.7 厘米
- ⊙ 现藏洛阳市博物馆

（摄影：李煜）

原始瓷豆

- ⊙ 西周早期
- ⊙ 1964 年河南省洛阳市北窑西周
  墓地出土
- ⊙ 口径 14.4、足径 8、高 8.8 厘米
- ⊙ 现藏洛阳市博物馆

（摄影：李煜）

原始瓷豆

⊙ 西周早期

⊙ M203：2

⊙ 1964 年河南省洛阳市北窑西周
　墓地 M203 出土

⊙ 口径 15、足径 8.2、高 6.6 厘米

⊙ 现藏洛阳市博物馆

（摄影：李煜）

原始瓷豆

⊙ 西周早期

⊙ M307：14

⊙ 1964 年河南省洛阳市北窑西周
　墓地 M307 出土

⊙ 口径 5.5、足径 9.3、高 8.5 厘米

⊙ 现藏洛阳市博物馆

（摄影：李煜）

原始瓷豆

- ⊙ 西周早期
- ⊙ M54：2
- ⊙ 1964 年河南省洛阳市北窑西周墓地 M54 出土
- ⊙ 口径 19.5、足径 14、高 9.5 厘米
- ⊙ 现藏洛阳市博物馆

（摄影：李煜）

原始瓷匜

- ⊙ 西周早期
- ⊙ M307：18
- ⊙ 1964 年河南省洛阳市北窑西周墓地 M307 出土
- ⊙ 口径 25、足径 12.5、高 15.3 厘米
- ⊙ 现藏洛阳市博物馆

（摄影：李煜）

原始瓷簋

- ⊙ 西周早期
- ⊙ M202：1
- ⊙ 1964 年河南省洛阳市北窑西周
  墓地 M202 出土
- ⊙ 口径 25.5、足径 14、高 16 厘米
- ⊙ 现藏洛阳市博物馆

（摄影：李煜）

原始青瓷簋

- ⊙ 西周早期
- ⊙ M50：3
- ⊙ 1964 年河南省洛阳市北窑西周墓地 M50 出土
- ⊙ 口径 21.6、足径 10、高 13.7 厘米
- ⊙ 现藏洛阳市博物馆

（摄影：李煜）

原始瓷簋

- ⊙ 西周早期

原始瓷簋

⊙ 西周早期

⊙ 1964 年河南省洛阳市北窑西周
　　墓地 M250 出土

⊙ 口径 30、足径 14.5、高 19 厘米

⊙ 现藏洛阳市博物馆

（摄影：李煜）

原始瓷瓿

⊙ 西周早期

⊙ 采：159

⊙ 1964 年河南省洛阳市北窑西周
　　墓地采集

⊙ 口径 5、足径 5.4、高 13.3 厘米

⊙ 现藏洛阳市博物馆

（摄影：李煜）

原始瓷尊

- 西周早期
- M215：42
- 1964 年河南省洛阳市北窑西周
  墓地 M215 出土
- 口径 25、足径 17、高 26 厘米
- 现藏洛阳市博物馆

（摄影：李煜）

原始瓷罍

- 西周早期
- M54：1
- 1964 年河南省洛阳市北窑西周墓
  地 M54 出土
- 口径 15、足径 10.7、高 19.7 厘米
- 现藏洛阳市博物馆

（摄影：李煜）

原始瓷罍

- 西周早期
- M202：3
- 1964 年河南省洛阳市北窑西周墓地 M202 出土
- 口径 18.5、足径 12.5、高 27.3 厘米
- 现藏洛阳市博物馆

（摄影：李煜）

原始瓷尊

⊙ 西周早期

⊙ C3M230：1

⊙ 1993 年河南省洛阳市林校西周
车马坑 C3M230 出土

⊙ 口径 18、足径 12、高 21.2 厘米

⊙ 现藏洛阳市博物馆

（摄影：李煜）

原始瓷瓮

- 西周早期
- C3M230：2
- 1993 年河南省洛阳市林校西周车马坑
  C3M230 出土
- 口径 25、底径 10.5、腹径 44、高 40.4 厘米
- 现藏洛阳市博物馆

（摄影：李煜）

原始瓷瓮

⊙ 西周早期

⊙ C3M230：3

⊙ 1993 年河南省洛阳市林校西周车马坑 C3M230 出土

⊙ 口径 31、底径 10.5、腹径 54、高 42 厘米

⊙ 现藏洛阳市博物馆

（摄影：李煜）

原始瓷罍

⊙ 西周早期

⊙ M232：063

⊙ 1993 年河南省平顶山市应国墓地 M232 出土

⊙ 口径 17.7、足径 15、腹径 18.8、高 28.8 厘米

⊙ 现藏河南省文物考古研究院

（摄影：祝贺、蔡强）

原始瓷尊

⊙ 西周早期

⊙ M232:062

⊙ 1993 年河南省平顶山市应国墓地 M232 出土

⊙ 口径 22.8、足径 15.2、腹径 30.2、高 22.3 厘米

⊙ 现藏河南省文物考古研究院

（摄影：祝贺、蔡强）

原始瓷尊

- 西周早期
- M84∶29
- 1993 年河南省平顶山市应国墓地 M84 出土
- 口径 12、高 8.6 厘米
- 现藏河南省文物考古研究院

（摄影：祝贺、蔡强）

原始瓷豆

- 西周早期
- M232：069
- 1993 年河南省平顶山市应国墓地 M232 出土
- 口径 12.5、足径 5.4、高 5.4 厘米
- 现藏河南省文物考古研究院

（摄影：祝贺、蔡强）

印纹硬陶尊

- ⊙ 西周早期
- ⊙ M86：0181
- ⊙ 1993 年河南省平顶山市应国墓地 M86 出土
- ⊙ 口径 25.3、肩径 31、高 20.3 厘米
- ⊙ 现藏河南省文物考古研究院

（摄影：祝贺、蔡强）

原始瓷豆

- ⊙ 西周早期
- ⊙ M152：131
- ⊙ 陕西省西安市长安区张家坡西周墓地
  M152 出土
- ⊙ 口径 18.5、足径 8.8、高 8.8 厘米
- ⊙ 现藏中国社会科学院考古研究所

（摄影：中国社会科学院考古研究所）

原始瓷罍

⊙ 西周早期

⊙ M129∶02

⊙ 陕西省西安市长安区张家坡西周墓
地 M129 出土

⊙ 口径 21.2、足径 12.3、肩径 26.6、
高 24.2 厘米

⊙ 现藏中国社会科学院考古研究所

（摄影：中国社会科学院考古研究所）

原始瓷豆

- 西周早期
- M1：61
- 2008 年山西省临汾市翼城县大河口
  墓地 M1 出土
- 口径 16.6、足径 9.1、高 9.4 厘米
- 现藏山西省考古研究所

（摄影：解宙鹏）

原始瓷豆

- 西周早期
- M1：58
- 2008 年山西省临汾市翼城县大河口
  墓地 M1 出土
- 口径 10、高 6.2 厘米
- 现藏山西省考古研究所

（摄影：解宙鹏）

原始瓷豆

⊙ 西周早期

⊙ M1∶59

⊙ 2008 年山西省临汾市翼城县大河口墓地 M1 出土

⊙ 口径 12.8、高 7.5 厘米

⊙ 现藏山西省考古研究所

（摄影：解宙鹏）

原始瓷豆

⊙ 西周早期

⊙ M1∶65

⊙ 2008 年山西省临汾市翼城县大河口墓地 M1 出土

⊙ 口径 14.4、高 6.8 厘米

⊙ 现藏山西省考古研究所

（摄影：解宙鹏）

原始瓷豆

⊙ 西周早期

⊙ M1：73

⊙ 2008 年山西省临汾市翼城县大河口墓地 M1 出土

⊙ 口径 15.2、高 7.8 厘米

⊙ 现藏山西省考古研究所

（摄影：解宙鹏）

原始瓷尊

⊙ 西周早期

⊙ M1：101

⊙ 2008 年山西省临汾市翼城县大河口墓地 M1 出土

⊙ 口径 12.5、足径 7、高 14.1 厘米

⊙ 现藏山西省考古研究所

（摄影：解宙鹏）

原始瓷尊

⊙ 西周早期

⊙ M1:81

⊙ 2008 年山西省临汾市翼城县大河口墓地 M1 出土

⊙ 口径 16.4、足径 12.3、高 25 厘米

⊙ 现藏山西省考古研究所

（摄影：解宙鹏）

原始瓷尊

⊙ 西周早期

⊙ M1：80

⊙ 2008 年山西省临汾市翼城县大河口墓地 M1 出土

⊙ 腹径 25.7、高 28.2 厘米

⊙ 现藏山西省考古研究所

（摄影：解宙鹏）

原始瓷瓿

⊙ 西周早期

⊙ M1:161

⊙ 2008 年山西省临汾市翼城县大河口墓地 M1 出土

⊙ 口径 16.8、足径 9.9、高 12.9 厘米

⊙ 现藏山西省考古研究所

（摄影：解宙鹏）

原始瓷豆

- 西周早期
- M113：110
- 2000 年山西省曲沃县北赵村晋侯墓地 M113 出土
- 口径 12.2、足径 7.3、高 6.3 厘米
- 现藏山西省考古研究所

（摄影：解宙鹏）

原始瓷豆

- 西周早期
- M114：197
- 2000 年山西省曲沃县北赵村晋侯墓地 M114 出土
- 口径 14、足径 6.8、高 6.8 厘米
- 现藏山西省考古研究所

（摄影：解宙鹏）

原始瓷豆

- 西周早期
- M114：201
- 2000 年山西省曲沃县北赵村晋侯墓地 M114 出土
- 口径 15、足径 8、高 6.4 厘米
- 现藏山西省考古研究所

（摄影：解宙鹏）

原始瓷豆

⊙ 西周早期

⊙ M33∶152

⊙ 1994 年山西省曲沃县北赵村晋侯墓地 M33 出土

⊙ 口径 17、足径 7.5、高 7.3 厘米

⊙ 现藏山西省考古研究所

（摄影：解宙鹏）

原始瓷豆

- 西周早期
- M6080∶4
- 1980 年山西省曲沃县曲村晋邦墓地 M6080 出土
- 口径 16.6、足径 9.1、高 9.4 厘米
- 现藏山西省考古研究所

（摄影：解宙鹏）

原始瓷瓮

- ⊙ 西周早期
- ⊙ M13：46
- ⊙ 1992 年山西省曲沃县北赵村晋侯墓地 M13 出土
- ⊙ 口径 20.2、底径 10.2、腹径 37.1、高 28.1 厘米
- ⊙ 现藏山西省考古研究所

（摄影：解宙鹏）

原始瓷尊

⊙ 西周早期

⊙ M114：206

⊙ 2000 年山西省曲沃县北赵村晋侯墓地 M114 出土

⊙ 口径 27、足径 15.2、腹径 31、高 27.1 厘米

⊙ 现藏山西省考古研究所

（摄影：解宙鹏）

原始瓷豆

⊙ 西周早期
⊙ BM4∶25
⊙ 1991 年山东省滕州市前掌大墓地 BM4 出土
⊙ 口径 13.3、足径 6.2、高 6.4 厘米
⊙ 现藏中国社会科学院考古研究所

（摄影：中国社会科学院考古研究所）

原始瓷豆

⊙ 西周早期
⊙ BM3∶37
⊙ 1991 年山东省滕州市前掌大墓地 BM3 出土
⊙ 口径 12.6、足径 6、高 8.2 厘米
⊙ 现藏中国社会科学院考古研究所

（摄影：中国社会科学院考古研究所）

原始瓷豆

⊙ 西周早期
⊙ BM3∶43
⊙ 1991 年山东省滕州市前掌大墓地 BM3 出土
⊙ 口径 16.6、足径 6.8、高 6.3 厘米
⊙ 现藏中国社会科学院考古研究所

（摄影：中国社会科学院考古研究所）

原始瓷尊

⊙ 西周早期

⊙ BM3:46

⊙ 1991 年山东省滕州市前掌大墓地 BM3 出土

⊙ 口径 21.5、足径 12、高 22.5 厘米

⊙ 现藏中国社会科学院考古研究所

（摄影：中国社会科学院考古研究所）

原始瓷尊

⊙ 西周早期

⊙ BM3∶3

⊙ 1991 年山东省滕州市前掌大墓地 BM3 出土

⊙ 口径 16、足径 11.3、高 22 厘米

⊙ 现藏中国社会科学院考古研究所

（摄影：中国社会科学院考古研究所）

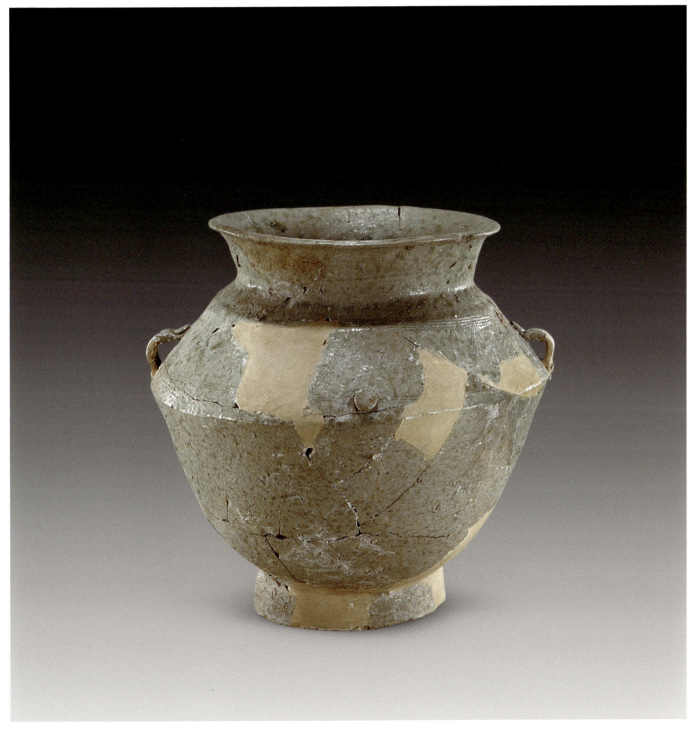

原始瓷釜

⊙ 西周早期

⊙ M109∶12

⊙ 1998 年山东省滕州市前掌大墓地 M109 出土

⊙ 口径 18.2、高 16 厘米

⊙ 现藏中国社会科学院考古研究所

（摄影：中国社会科学院考古研究所）

原始瓷瓮

- ⊙ 西周早期
- ⊙ BM3:7
- ⊙ 1991年山东省滕州市前掌大墓地 BM3 出土
- ⊙ 口径18、足径11、高25.2厘米
- ⊙ 现藏中国社会科学院考古研究所

（摄影：中国社会科学院考古研究所）

印纹硬陶尊

⊙ 西周早期

⊙ M119：65

⊙ 1998 年山东省滕州市前掌大墓地
　M119 出土

⊙ 口径 21.5、足径 13.2、高 22.8 厘米

⊙ 现藏中国社会科学院考古研究所

（摄影：中国社会科学院考古研究所）

印纹硬陶罍

⊙ 西周早期

⊙ M109：10

⊙ 1998 年山东省滕州市前掌大墓地
　M109 出土

⊙ 口径 11.5、足径 11、高 16.2 厘米

⊙ 现藏中国社会科学院考古研究所

（摄影：中国社会科学院考古研究所）

原始瓷盖豆

- 西周早期
- M27：99
- 2011 年湖北省随州市叶家山墓地 M27 出土
- 口径 23.5、足径 12、腹径 16.5、高 15 厘米
- 现藏随州市博物馆

（摄影：余 乐）

原始瓷豆

⊙ 西周早期

⊙ M27：76

⊙ 2011 年湖北省随州市叶家山墓地 M27 出土

⊙ 口径 10.4、足径 6.4、腹径 11.3、高 6 厘米

⊙ 现藏随州市博物馆

（摄影：余　乐）

原始瓷豆

⊙ 西周早期

⊙ M27：77

⊙ 2011 年湖北省随州市叶家山墓地 M27 出土

⊙ 口径 14.5、足径 6.6、腹径 14.7、高 6.8 厘米

⊙ 现藏随州市博物馆

（摄影：余　乐）

原始瓷豆

- 西周早期
- M27：88
- 2011 年湖北省随州市叶家山墓地 M27 出土
- 口径 16、足径 9、腹径 16.8、高 7.5 厘米
- 现藏随州市博物馆

（摄影：余　乐）

原始瓷豆

⊙ 西周早期

⊙ M27：116

⊙ 2011 年湖北省随州市叶家山墓地 M27 出土

⊙ 口径 15.2、足径 8、腹径 15.2、高 7.5 厘米

⊙ 现藏随州市博物馆

（摄影：余　乐）

原始瓷豆

⊙ 西周早期

⊙ M27：117

⊙ 2011 年湖北省随州市叶家山墓地 M27 出土

⊙ 口径 17、足径 8.2、腹径 17、高 8 厘米

⊙ 现藏随州市博物馆

（摄影：余　乐）

原始瓷豆

⊙ 西周早期

⊙ M27：111

⊙ 2011 年湖北省随州市叶家山墓地 M27 出土

⊙ 口径 9.5、足径 5.5、腹径 11、高 6 厘米

⊙ 现藏随州市博物馆

（摄影：余　乐）

原始瓷豆

⊙ 西周早期

⊙ M27：116

⊙ 2011 年湖北省随州市叶家山墓地 M27 出土

⊙ 口径 15.2、足径 8、腹径 15.2、高 7.5 厘米

⊙ 现藏随州市博物馆

（摄影：余　乐）

原始瓷豆

原始瓷尊

⊙ 西周早期

⊙ M46：24

⊙ 2011 年湖北省随州市叶家山墓地 M46 出土

⊙ 口径 22、足径 13.5、腹径 26.5、高 17.2～18.4 厘米

⊙ 现藏随州市博物馆

（摄影：余　乐）

原始瓷尊

⊙ 西周早期

⊙ M27：87

⊙ 2011 年湖北省随州市叶家山墓地 M27 出土

⊙ 口径 32.2、足径 12.8、腹径 23.5、高 16.5 厘米

⊙ 现藏随州市博物馆

（摄影：余　乐）

原始瓷尊

⊙ 西周早期

⊙ M27：100

⊙ 2011 年湖北省随州市叶家山墓地 M27 出土

⊙ 口径 21.5、足径 14.6、腹径 23、高 16.4 厘米

⊙ 现藏随州市博物馆

（摄影：余　乐）

原始瓷四系罐

⊙ 西周早期

⊙ M27∶98

⊙ 2011 年湖北省随州市叶家山墓地 M27 出土

⊙ 口径 9.5、足径 10.5、腹径 17.8、高 15.8 厘米

⊙ 现藏随州市博物馆

（摄影：余　乐）

原始瓷四系罐

⊙ 西周早期

⊙ M27：101

⊙ 2011 年湖北省随州市叶家山墓地 M27 出土

⊙ 口径 9、足径 9.6、腹径 18.8、高 17.5 厘米

⊙ 现藏随州市博物馆

（摄影：余　乐）

原始瓷四系罐

原始瓷四系罐

- ⊙ 西周早期
- ⊙ M27∶115
- ⊙ 2011 年湖北省随州市叶家山墓地 M27 出土
- ⊙ 口径 7.1、足径 8.6、腹径 18、高 13.5 厘米
- ⊙ 现藏随州市博物馆

（摄影：余 乐）

原始瓷瓮

- ⊙ 西周早期
- ⊙ M27：82
- ⊙ 2011 年湖北省随州市叶家山墓地 M27 出土
- ⊙ 口径 19.3、足径 9.3、腹径 34.5、高 25.8 厘米
- ⊙ 现藏随州市博物馆

（摄影：余　乐）

原始瓷瓮

⊙ 西周早期
⊙ M27：97
⊙ 2011 年湖北省随州市叶家山墓地 M27 出土
⊙ 口径 29.5、足径 11.2、腹径 50.5、高 35.5 ～ 40 厘米
⊙ 现藏随州市博物馆

（摄影：余　乐）

原始瓷双系罐

⊙ 西周早期

⊙ M2：13

⊙ 2011 年湖北省随州市叶家山墓地 M2 出土

⊙ 口径 11.5、足径 10.7、腹径 19.8、高 15 厘米

⊙ 现藏湖北省文物考古研究所

（摄影：余 乐）

原始瓷四系罍

⊙ 西周早期
⊙ M46：23
⊙ 2011 年湖北省随州市叶家山墓地 M46 出土
⊙ 口径 13.8、足径 10.2、腹径 20.4、高 23.9 ～ 24.4 厘米
⊙ 现藏随州市博物馆

（摄影：余　乐）

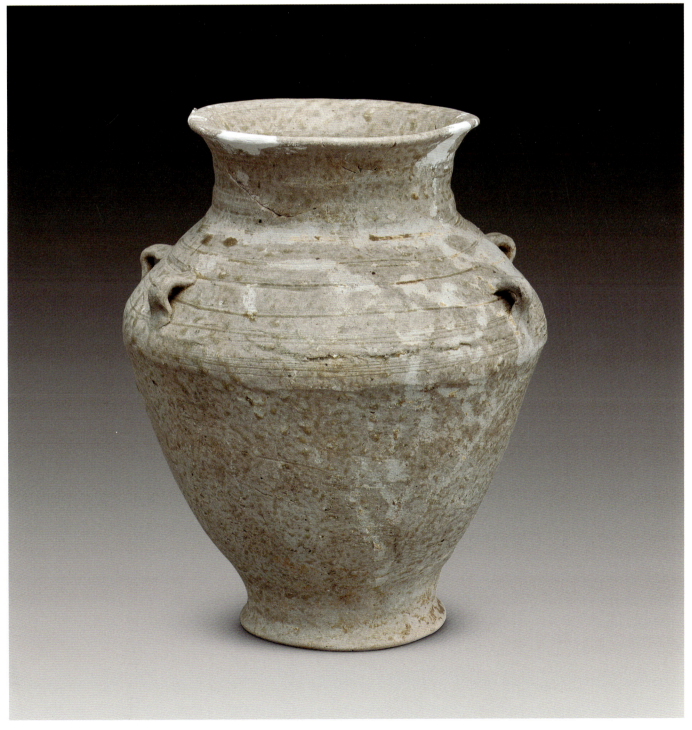

原始瓷罍

⊙ 西周早期

⊙ M2：11

⊙ 2011 年湖北省随州市叶家山墓地 M2 出土

⊙ 口径 16、足径 9.5、腹径 19、高 21.5～22 厘米

⊙ 现藏随州市博物馆

（摄影：余　乐）

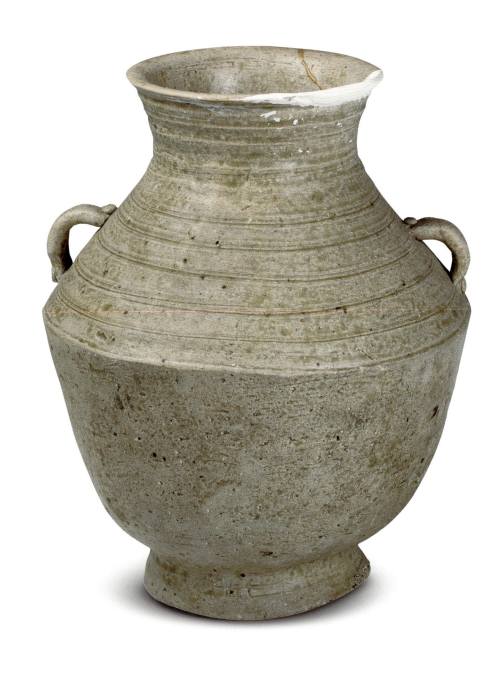

闽北地区

原始瓷在福建地区分布广泛，尤以闽北地区出土原始瓷器为多，在光泽、建瓯、浦城、政和、松溪、武夷山等县市均有较多出土。近年来，闽北的蒲城县仙阳镇下洋村猫耳弄山商代窑址群、武夷山竹林坑西周早中期原始瓷窑址群、闽南永春、德化夏商原始瓷窑址群的发现，表明福建是原始瓷的重要起源地之一。

从目前考古发掘资料来看，夏商至西周时期，闽北地区与浙西南地区文化面貌一致，应属同一文化区域，该地区与江北地区有明显的文化交流互动。

光泽马岭、江山肩头弄、松阳出土的象鼻盉以及光泽池湖遗址出土的双折肩尊与江北地区的二里头、盘龙城、郑州商城出土的同类器雷同，两者是反映夏商时期南北文化交流的杰出代表。

西周时期，江北地区常见的盘壁较矮直且外侧多见窄宽扁状或小扁方实心泥条的豆、盘内壁饰弦纹及篦纹的侈口或直口豆、外壁贴有成对小泥饼的敛口豆、深腹折肩尊以及瓿、釜，在闽北建瓯黄窠山、光泽杨山、政和熊山镇官湖村佛字山西周墓等出土有同类器，武夷山竹林坑窑址烧制这几类产品。江北地区多见的刻划叶脉纹在闽北地区、浙西南地区及安徽屯溪地区也有大量出土，这表明闽北地区是北方地区出土西周原始瓷器的重要产地之一。

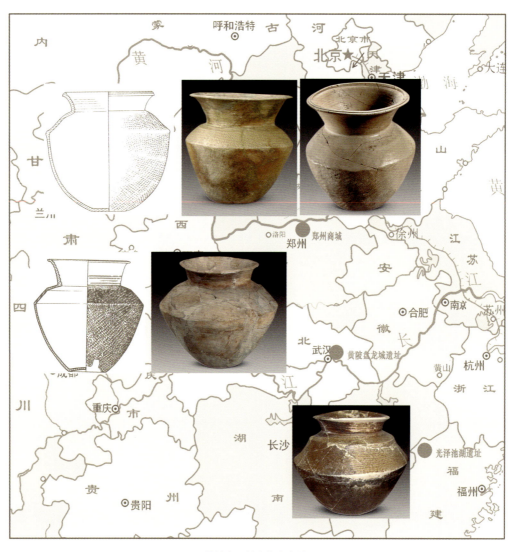

原始瓷双折肩尊分布图

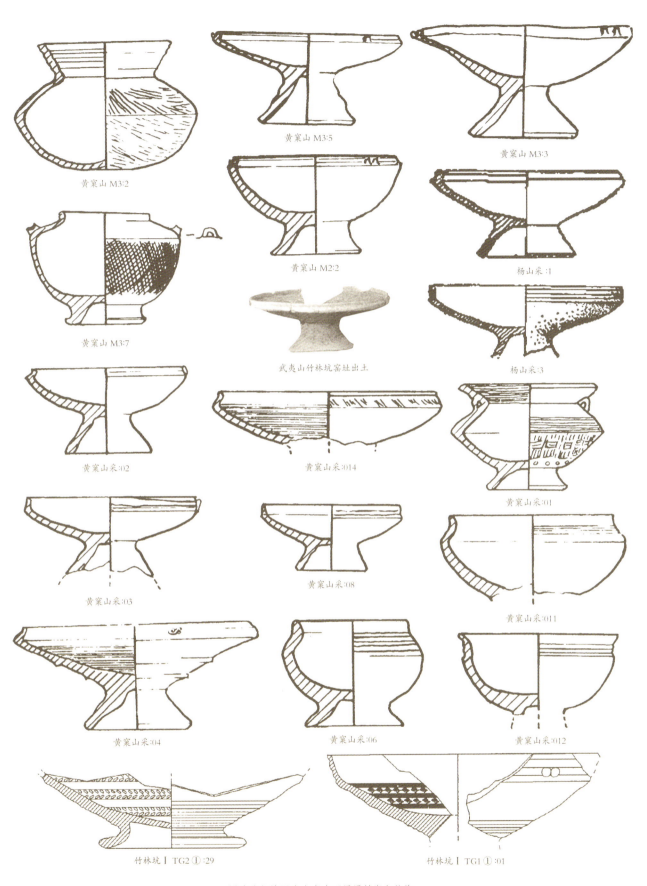

黄窑山 M3:2

黄窑山 M3:5

黄窑山 M3:3

黄窑山 M3:7

黄窑山 M2:2

杨山采:1

武夷山竹林坑窑址出土

杨山采:3

黄窑山采:02

黄窑山采:014

黄窑山采:01

黄窑山采:03

黄窑山采:08

黄窑山采:011

黄窑山采:04

黄窑山采:06

黄窑山采:012

竹林坑 Ⅰ TG2 ① :29

竹林坑 Ⅰ TG1 ① :01

福建北部地区出土商晚西周原始瓷印纹陶

原始瓷尊

⊙ 白主段类型（商代中晚期）

⊙ M9：66

⊙ 1995 年福建省光泽县池湖村积谷山 M9 出土

⊙ 口径 19.6、高 24 厘米

⊙ 现藏福建博物院

（摄影：黄运明）

原始瓷尊

- 西周早期
- D1 M01：8
- 福建省浦城县仙阳镇管九村洋山 D1 M01 出土
- 口径 9.7、足径 7.0、高 7.6 厘米
- 现藏闽越王城博物馆

（照片由羊泽林、余慧君提供）

原始瓷尊

- 西周早期
- D1 M01：1
- 福建省浦城县仙阳镇管九村洋山 D1 M01 出土
- 口径 15.3、足径 9.5、高 13.4 厘米
- 现藏闽越王城博物馆

（照片由羊泽林、余慧君提供）

原始瓷豆

- 西周早期
- D2 M01：3
- 福建省浦城县仙阳镇管九村社公岗 D2 M01 出土
- 口径 16.1、足径 8.2、高 8.2 厘米
- 现藏闽越王城博物馆

（照片由羊泽林提供）

原始瓷豆

- 西周早期
- D2 M01：6
- 福建省浦城县仙阳镇管九村社公岗 D2M01 出土
- 口径 17.1、足径 7.5、高 8.0 厘米
- 现藏闽越王城博物馆

（照片由羊泽林、余慧君提供）

原始瓷豆

- 西周早期
- 福建省浦城县仙阳镇管九村麻地尾 D2M01 出土
- 口径 10.8、足径 5.9、高 6.4 厘米
- 现藏闽越王城博物馆

（照片由羊泽林、余慧君提供）

原始青瓷豆

⊙ 西周早期

⊙ 藏品号 225-142

⊙ 福建省政和县熊山镇稻香村峡垅山出土

⊙ 口径 11.3、足径 7.1、高 6.5 厘米

⊙ 现藏政和县博物馆

（照片由羊泽林、余慧君提供）

原始瓷豆

⊙ 西周早期

⊙ M1:24

⊙ 福建省政和县熊山镇宫湖村佛字山 M1 出土

⊙ 口径 10.3、足径 5.8、高 5.3 厘米

⊙ 现藏政和县博物馆

（照片由羊泽林提、余慧君供）

原始青瓷豆

⊙ 西周早期

⊙ M1:17

⊙ 福建省政和县熊山镇宫湖村佛字山 M1 出土

⊙ 口径 14.3、足径 8.2、高 7.1 厘米

⊙ 现藏政和县博物馆

（照片由羊泽林、余慧君提供）

原始瓷簋

⊙ 西周早期

⊙ M1:15

⊙ 福建省政和县熊山镇官湖村佛字山 M1 出土

⊙ 口径 9.1、足径 6.8、高 9.6 厘米

⊙ 现藏政和县博物馆

（照片由羊泽林、余慧君提供）

原始瓷罐

⊙ 西周早期

⊙ D3 M1:1

⊙ 福建省浦城县仙阳镇管九村社公岗 D3 M1 出土

⊙ 口径 20.1、足径 10.5、高 24.7 厘米

⊙ 现藏闽越王城博物馆

（照片由羊泽林提供）

后记

《锁钥——先秦印纹硬陶原始瓷器特展》图录即将出版，内心满怀期待。回想一年来的策展和图录编撰工作，感慨颇多！

2018 年是"江南地区印纹陶问题学术讨论会"召开 40 周年。40 年来，中国南方地区在先秦时期的城址、聚落、墓葬、原始瓷、青铜器及青铜冶铸等的考古发现及研究上均取得了令人瞩目的成绩。为总结 40 年来中国南方地区先秦考古研究成果，进一步深入推动该地区先秦考古学文化及相关问题的研究，探讨先秦考古的发展方向，我所决定于 2018 年 11 月中下旬在浙江省杭州市举办"中国南方先秦考古学术研讨会"，同时，为了配合会议的召开，计划筹办一个展览。

2017 年，当刘斌所长把筹办会议和展览的任务交给我时，由于时间紧、任务重，本室人员均有繁重的野外发掘任务，人员紧缺，也缺乏办展经验和系统研究，内心不免忐忑不安。

展览要呈现哪些内容？这是摆在面前的首要问题。印纹陶、原始瓷是先秦时期南方特有的文化因素，区域特色明显，也是南北文化交流的重要载体，当然是展览内容的不二之选。经过前期调研，初步确定三部分展览内容，分别展示南方各省印纹陶原始瓷的区域文化特色、瓷之源工作上取得的成就、江北地区出土的印纹陶和原始瓷。但是，确定展览地点后，到现场查看，发现受展陈空间的限制，没法完全展示构想的内容，必须有所取舍！

就目前考古资料而言，浙江地区是印纹陶、原始瓷的重点分布区域，最具有代表性。印纹陶、原始瓷是研究越文化和越国历史的重要对象，两者的起源、分化、融合、繁荣、鼎盛、衰落的发展历程，正是越文化萌芽、发展、成熟、繁荣、衰落的过程。越国礼制的起源、发展、变革则反映了于越立国、发展、鼎盛争霸三部曲。随着江北地区印纹陶、原始瓷的发现及出土数量日趋增多，印纹陶、原始瓷成为研究南北文化交流的重要载体，深受学界的关注。因此，本展览最终设置了三个单元。第一单元，越韵悠长。展示浙江出土印纹陶、原始瓷的历时性变化，建立两者的年代框架，在部分时段，我们选取了典型墓例、代表性的纹饰拓片，让大家对各时段的时代特征有一个整体认识，同时穿插展示瓷之源考古研究的成果。第二单元，藏礼于器。展示浙江地区出土的不同时期的原始瓷礼器，通过反映越国礼器的起源、发展、变革的过程，揭示于越立国、发展、鼎盛争霸的历史轨迹；第三单元，渊源流变。展示夏至西周时期长江以北出土的印纹陶、原始瓷，从类型学的角度，直观地反映南北文化交流，以及交流内容在不同时期的变化。

展览怎么命名？这也是让我们难以抉择问题，标题必须与展览内容契合！经过长时间思考，多次讨论，仍没最终确定。有一次，我在查阅资料时，读到苏秉琦先生《关于"几何形印纹陶"——"江南地区印纹陶问题学术讨论会"论文学习笔记》一文时，苏公生动地将几何形印纹陶比作一把"锁钥"，认为它帮我们"打开了通向探索我国这一重要地区从原始社会到秦汉以前的文化史这一重要历史课题的大门"。就目前考古工作而言，原始瓷又何尝不是研究越文化和越国历史的另一把"锁钥"。"锁钥"的本意是开锁的工具，比喻成事的关键所在，也喻指在军事上相当重要的地方，意即极其重要、起决定作用的关键因素。在南方汉语方言词汇，有把开锁的工具称为"锁匙"的，如闽南人就把"钥匙"说成"锁匙"，因此，出于体现南方特色的考虑，我们以"锁匙——先秦印纹硬陶原始瓷器特展"作为展览的题目。在此展览图录出版之际，考虑到苏公于1978年即为我们指明了南方先秦考古研究的关键所在，切中要害地点出了印纹陶在南方先秦考古研究的关键作用，是对印纹陶重要地位的高度评价。为向苏公致敬，本图录还是改用苏公原文"锁钥"作为标题。

筹办展览，内容和标题的确定只是其中一步，此外，还涉及展品遴选、借展手续的办理、文物运输合同的签订等方方面面，这些都是我以前没有涉及的工作内容。由于时间紧迫，虽然有过两天跑两省四个市县挑选展品的难忘经历，但是，由于得到兄弟文博单位及同仁的大力支持和帮助，工作得以顺利开展。因此，本展览及图录的出版是集体劳动的成果。有些事、有些人是必须铭记的。

展览和图录出版得到所领导的大力支持，特别要感谢刘斌所长，在良渚申遗的百忙之中，就文物借展问题亲自与省外相关文博单位沟通、协调，保障了借展工作的顺利开展。

在展品遴选、借展方面均得到了省内外文博单位及同仁的鼎力支持和热情帮助。

洛阳市博物馆藏洛阳北窑和林校车马坑出土原始瓷没能在此次展览中展出，但提供了其出土原始瓷器的部分照片，充实了图录的内容。

福建博物院羊泽林先生和余慧君女士提供了闽北地区出土的部分原始瓷器照片，弥补了此次展览中没能展示闽北地区出土原始瓷的遗憾，让我们能基本了解闽北地区原始瓷器的区域特色，更直观地考察商周时期闽北地区与江北地区的文化交流互动。

河南省文物考古研究院孙新民先生提供了郑州商城遗址出土的原始瓷高领双折肩尊文物照片。

本所商周考古室全体同仁在承担繁重的野外发掘任务的同时，还为展览的策划、展品的遴选、图录的出版付出了辛勤劳动。林森、刘亚林、余金玲协助了展览的布展工作。

本所办公室、财务科、保卫科、资料室提供了后勤保障。

陈元甫先生、李永加老师在骄阳似火的季节，奔赴省内十一个市县兄弟文博单位拍摄器物照片，流下辛勤的汗水，他们的工作是图录质量的重要保证。同事祝远亮、邵海琴不辞辛劳，辗转七省市二十四个市县运输借展文物。同事丁品先生提供了钱山漾遗址文物照片。

本书的出版得到浙江省文博人才"新鼎计划"优秀人才培养项目的支持。

在此，向所有给予我们支持和帮助的兄弟单位、领导、同仁表示诚挚的谢忱！

本图录马上就要付梓了，我们希望本书的出版能引起学界对印纹陶、原始瓷的深入关注，并对中国南方先秦考古研究起到推动作用。还期望本图录能起到工具书的作用，成为大家今后夏商周考古工作中可资对比的年代学材料。如能达此目标，将是对我们工作的莫大肯定。同时，对于本书的不足，也欢迎学界同仁提出批评指正。

黄昊德

2019 年 2 月 25 日